是谁把世界糟蹋成这样

[日]上野千鹤子 著
曹逸冰 译

文汇出版社

新经典文化股份有限公司
www.readinglife.com
出 品

序章
1

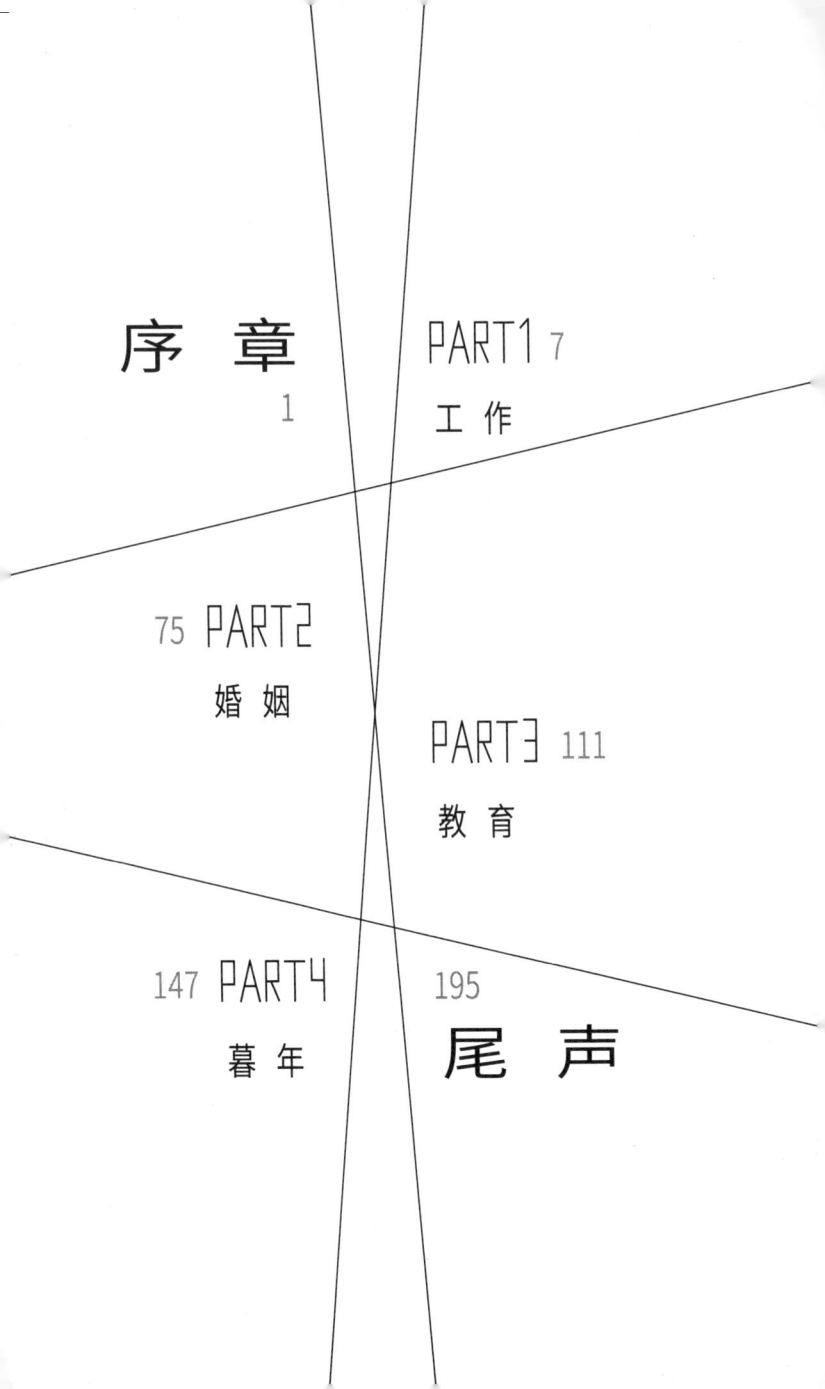

PART1 7
工作

PART2 75
婚姻

PART3 111
教育

PART4 147
暮年

尾声
195

序章

东京大学演讲的本意[①]

今时今日,我们生活在一个"不能安心当个弱者的社会"。无论是丢了工作,生活困窘,还是婚后遭遇家暴,被丈夫轰出家门,人们都不敢轻易向外界求助。

发生在你身上的一切,都起因于你自己做的决定,没人能替你负责。所以只能听天由命,独自承受,又岂能求助于他人——拜二十一世纪初的政客所赐,"自我决定、自我负责"这八个字日渐深入人心,

---

[①] 2019年上野千鹤子在东京大学开学典礼上致辞,批判机会不平等的现状,提醒学生"不要将得天独厚的环境与能力,用来贬低那些没有那么幸运的人,而是要用来帮助他们"。(本书注释均为编译注。)

将本已一筹莫展的人逼得走投无路。

在这样的社会里，每个人都削尖了脑袋往上爬，生怕在竞争中败下阵来，没空去关心别人。有所作为的人认定一切的一切都是自己发奋拼搏的结果，而没能取得成就的人往往会责备自己不够努力。

问题是，人生轨迹真的可以靠努力改写吗？你就没有受过不公对待，没处说理吗？那时的你是不是无力反抗，只得忍气吞声？你就没遇到过想努力却使不上劲，甚至筋疲力尽的情况吗？

我从年轻时就不断直面社会的不公，反复质问"是谁把世界糟蹋成这样"。因为不如意的事情实在是太多太多。抬头望去，只见高处尽是些老头，黑压压的一片。于是我朝他们扔了一块又一块石头，真真正正的石头。奈何世界并没有因此有所改变。

女性不幸的原因在于社会结构

我以主妇学者的身份开启了自己的职业生涯。这里的"主妇学者"指的并不是"一边当主妇一边做研究的人"，而是将"主妇"作为研究对象的人。怎么就选了这么个研究方向？因为我的母亲就是一位不幸的全职主妇，一天到晚看丈夫的脸色行事。"主妇究竟是什么？她们是干什么的？"提出这个问题之后，我便一头栽进了这个深奥的问题。

最让我惊愕的是，我的父母居然是自由恋爱。在那个相亲结婚才是主流的年代，他们是恋爱结婚，夫妻关系却着实称不上融洽。

"夫为妻纲""把老子放在第一位"……父权制下的婚姻就是这样一套系统，我的父母正是这种模式的写照。母亲常说自己"挑男人的眼光很差"，可我十多岁仔细观察过父母后就得出结论——"妈妈，哪怕换一个老公，你也不会幸福的。"因为我意识到，母亲的不幸并不是选错男人造成的，问题的根源在于社会结构。细想起来，我的父母并不是性格特别糟糕的人，都是普普通通的老百姓。

走上研究道路后，我便深挖这个课题，用十年写就了《父权制与资本主义》（岩波书店，1990/ 岩波现代文库，2009/ 浙江大学出版社，2020）。

通过这本书，我揭示了将女性置于不利地位的结构性机制。

过去三十年里，女性的生活方式日趋多样。结不结婚、生不生孩子都行，可以做全职工作，也可以兼职打工。但与此同时，贫富差距也在不断扩大，低收入单身女性显著增多。她们并不是不够努力，也不是在人生路上走岔了。只怪我们生活在一个稍不留神就会陷入贫困的危险社会。

在这本书里，我将女性的一生分为工作、婚姻、教育和暮年四个阶段，分析每个阶段会发生什么，这些事会对女性的人生造成怎样的影响，以及未来的走向。

为什么必须在竞争中脱颖而出？竞争本身真的是必要的吗？为什么大家有苦难言？为什么比男性更优秀的女性没有容身之处？婚是非结不可吗？没有孩子的人生是不幸的吗？为什么衰老令人如此焦虑？

让我们一起思考这些问题吧。

改写不会改变的世界

"反正这个世界是不会改变的"——我无数次听到这种心如死灰的感言。但事实真是如此吗?

其实我们已经实现了一些微小的改变。比如,女性主义浪潮为性骚扰和家暴受害者夯实了发声的土壤。照护保险制度的建立也是广大市民奔走呼吁的结果。

希望把社会交到下一代年轻人手里的时候,他们不至于再问"是谁把世界糟蹋成这样"。我为此奋斗许久,却还是没能实现天翻地覆的改变。我的力量实在是太渺小了。

在 2011 年东日本大地震之后,常有成年人对当地高中生高呼"福岛的未来就靠你们了"。我却在心里嘀咕:"当初明明是你们把福岛的自然和社区破坏得一塌糊涂,哪还有脸跟孩子们说这种话?"把"福岛"替换成"日本"也是一样。把世界糟蹋成这样的成年人,有什么资格叮嘱孩子"日本的未来就靠你们了,加把劲啊"?

无论置身于怎样的窘境，人都必须顽强地活下去。所以想逃的人尽管逃就是了，不一定非得留在日本。逃到天涯海角都没关系，只要能好好活下去就行。

可有些人是想逃却逃不掉。还有人主动选择坚守与回归。你们的力量或许微小，却仍有可能改变这个世界，给后人留下一个稍微像样一点的社会。

PART1
工作

" 老了以后怎么办?

" 到时候只能犯些
不会伤害别人的轻罪,
进监狱养老了。

勤劳却贫穷的日本女性

放眼全球，便知日本女性有多么勤劳。2022年的数据显示，15岁到64岁日本女性的就业率为74.3%，高于经济合作与发展组织（OECD）成员国的平均水平（65.8%），美国也不过69.0%而已。那种认为日本社会由上班族和全职主妇组成的固有观念已经成为过去式。

但我们正面临一个不容忽视的大问题——工作的女性收入偏低。为什么？因为日本男女工资差距大。女性正式员工的工资水平仅为男性的77.6%，远低于OECD成员国的平均值，排倒数第三，只比韩国和以色列稍好一些。尽管情况在逐渐改善，但速度着实缓慢，差距迟迟无法缩小。

更糟糕的是，有工作的女性多半是非正式员工，六成左右的女性非正式员工年收入不到200万日元[①]。这样的收入水平难以实现经济独立，也无法充分提升技能水平，职业发展因此受限。

非正式员工和正式员工干的是一样的活，前者的工资却只有后者的一半到三分之二，处境非常艰难。而且许多已婚女性会刻意控制工作时间，以免收入超过某个数字。

问题出在引导已婚女性将劳动限制在一定范围内的税收和社会保障制度上，即所谓"103万日元壁垒"和"130万日元壁垒"[②]。如果丈夫是雇员，而妻子的收入超过了这两条线，那么妻子就不算"被抚养者"，必须自行纳税并缴纳社保，整体收入反而会减少，所以许多女性倾向于控制工作时间，以免撞上这堵"墙"。也就是说，日本的税收和社保制度一直在

[①] 2025年日元平均汇率约为1元人民币兑21日元。
[②] 已婚女性若年收入低于103万日元，配偶可享受所得税扣除优惠。若年收入低于130万日元，可以共享配偶的那份社保；若超过，则需另外自行缴纳。

抑制已婚女性的就业。

不仅如此——听到妻子想出去上班，有些丈夫第一反应是"只要不影响我就行"。这句话的潜台词是，"照理说妻子是不可以出去工作的"。这种"禁止"不单单是丈夫个人的意愿，而是制度和社会共同作用的结果。

说"只要不影响我就行"，就等于是在宣布"我无意因为你外出工作而改变自己的生活"。新的性别角色分工应运而生。丈夫跟原来一样，一心扑在工作上。而妻子从"只管做家务带孩子"变成"家务孩子一肩挑，班也得照样上"。女性不光要在家里工作，还要在外面工作，总劳动时间反而越来越长。

妻子不得不外出工作，是因为男性的工资一路走低，没有妻子赚的那份钱，日子就过不下去。但妻子的工资一直被视为只是补贴家用，被压得很低。这种情况下，女性无法实现经济独立，一旦离婚，立即走投无路。

自九十年代以来，单亲妈妈和单身女性加入了非

あさん /Binbo Bāsan）。工作勤奋，工资却很低，到了年纪领的养老金也少，一辈子无法脱贫……这就是日本女性的现状。

再看年龄段分布。男性非正式就业者是65岁以上的最多，女性却是45岁到54岁的最多，向中老年女性开放的正式职位少之又少。她们并非主动选择非正式就业，而是无路可走。

媒体和政客对中老年女性的贫困关注甚少。有越来越多的目光投向儿童和年轻人的贫困问题，中老年女性的处境却迟迟得不到重视。老年女性的贫困问题已是老生常谈。媒体出于八卦心态，时常报道因囊中羞涩堕入风尘的年轻女性。"穷大妈"夹在中间不上不下，无人问津。

为什么女性的贫困如此不受关注？因为社会一直以来认为，女人可以靠男人养活。

在日本劳动力市场，女性应届生找工作，不过是为了在结婚前过渡一下。结了婚当然要辞职，等到婚育后再就业，就会进入非正式就业市场……长久以来都是如此。哪怕是有必要工作的女性，未婚时听得最多的还是"找个老公养你"。就算离了婚,旁人也会劝她"再找一个就好了"。

老了只能干到死?

社会政策学家阿部彩说过这么一句话——"社会没把中老年女性的贫困放在眼里。"

穷大妈的养老也很成问题。调查显示,担心"老了揭不开锅""一把年纪还要工作"的中年人比老年人还要多。

我问过《单身女性》(光文社新书,2018/ 上海译文出版社,2023)的作者雨宫处凛"老了以后怎么办"。她说她常跟亲朋好友开玩笑说:"到时候只能犯些不会伤害别人的轻罪,进监狱养老了。"

她们有种被社会排斥的感觉,认为自己"毫无价值",认为"世界不需要我",认为"会被用完即弃"。我认识一位很有魅力、工作能力也很强的女性。她换过好几份非正式工作,合同三年一签。她告诉我:"上班的每一天都被骚扰。"

人无法在这样的环境下建立自我认同感。工作能力再强都免不了被歧视。而且随着年龄增长，保住工作也越来越难。

我们研讨组有位同学的学位论文写的就是五十多岁的单亲妈妈，研究课题是"五十多岁的单亲妈妈能否展望未来"。这篇论文的调研对象大多是非正式员工。当被问及"您打算工作到什么时候"，她们的回答是"干到死"。

正是照护市场吸收了这批打算"干到死"的女性。照护工作者的平均年龄为50岁。单看上门护工的话，平均年龄为54.4岁。60岁到69岁的人最多，占了24.5%。七老八十的护工照顾比自己年纪小的人也是常有的事。因为这个行业对资质要求宽松，也没有法定退休年龄。

低收入单亲妈妈的贫困会传递给下一代。如果孩子因长辈经济拮据拿不到好文凭，长大成人后的赚钱能力就会大打折扣。

母亲生活困窘，孩子也过得紧巴巴，无力伸出援手。母亲无法让成年的子女依靠自己，成年的子女也没有能力让母亲依靠。为免相互拖累，只得早早分家。"干到死"就这样成了母亲唯一的选项。我们的政治却对此视若无睹，从未向她们伸出援手。

年轻女性通过前辈的经历认识到，放弃正式职位后的处境是多么艰难，于是死攥着不松手。女性正式员工的育儿假使用率因此上升，休完育儿假后的复工率也有所提高。橘玲在《两个亿与全职主妇》(Magazine House，2019) 一书中指出，放弃正式职位就意味着损失高达两亿日元的职业生涯总收入。然而从今往后，连正式员工都不能掉以轻心。天知道老了能不能拿到退休金。再过十年，公司还在不在都是未知数。

于是许多人觉得只能想办法多攒点钱，给自己一个保障。哪怕你因为某些特殊情况失业或病倒，社会也只会让你自己负责，不会伸出援手。问题是，我们就该满足于这样的社会吗？

常有人说："付出努力的人得到正当回报的社会就是公正平等的。"可怎么样才算是"努力"过？你的"努力"真的建立在个人能力之上吗？碰上了一对肯为子女教育投资的父母,没有因为灾害失去家园,也没有遭遇意外缺胳膊少腿……这些都能归功于"自身的努力"吗?

找不到稳定工作不是你的错

非正式员工的急剧增加始于上世纪九十年代中期到二十一世纪初的就业冰河期。在此期间,大批应届生(男女皆有)没能找到稳定的工作。明明不想当非正式员工、却只能找到这类工作的人,被称为"非自愿的非正式员工"。尼特族[①]和飞特族[②]也是在这一时期引起了全社会的关注。

当时,年轻人自己和身边的人都还乐观,觉得等大环境好了,就能找到正式职位。毕竟泡沫经济是1991年刚破灭,人们对经济复苏仍抱有期待。父母对飞特族儿女也比较宽容,认为他们眼下还在摸索试错

---

① 尼特族(Not in Education, Employment or Training,简称 NEET),不就学、不就业、不进修或不参加就业辅导的年轻人。
② 飞特族(Freeter),靠兼职维持生计的人。

的阶段，过了三十就会定下来。那个年代的父母也有足够的家底给儿女啃。

谁知事与愿违——萧条持续的时间远超预期，大环境迟迟没有好转。进入二十一世纪后，经济有所好转，但受益的只有应届生求职市场，非应届生的处境依然艰难。于是这批人以非正式员工的身份干到了四五十岁，人称"失落世代"。

失落世代进入非正式就业市场，并非"自我选择、自我负责"的结果。由于毕业时开放的正式职位太少，他们总无法摆脱非正式员工的身份，收入上不去，只得在社会底层苦苦挣扎。企业缩减招聘名额，导致求职市场竞争激烈，"椅子"供不应求，又岂是他们的责任。

1990年的非正式员工不过881万人。到了2016年，这个数字已然突破2000万。更糟糕的是，失落世代并不是最后一批一毕业就进入非正式就业市场的人。《2022年版男女共同参与白皮书》的专栏"就业冰河期世代考察"关注了1975年到1984年出生、2021年时37岁到46岁的那批人，也就是所谓的"就业冰河期核心一代"。他们第一份工作为非正式职位的比例为女性31.6%，男性16.6%。之后的一代是女性30.8%，男性18.1%，略有增加。其中，"非自愿的非正式员工"占比为男性70.7%，女性57.6%，可见他们并不是主动选择了非正式职位。再分享一组厚生劳动省的调查数据：2010年，30岁到39岁男性正式员工的结婚率为69.3%，非正式员工仅有24.4%，差距明显。

失落世代也并非铁板一块。尽管许多人只能找到非正式职位，但也有一小撮人在求职赛场脱颖而出，进入知名企业，然后结婚生子，组建家庭。"瞧瞧人家，再瞧瞧你……"，父母常拿同龄人做比较，明里暗里地数落自家孩子。失落世代不光被其他年龄段的人比了下去，内部的贫富差距也很悬殊，因此难以团结起来。

2008年秋叶原无差别杀伤案的凶手加藤智大和2022年枪杀前首相安倍晋三的山上彻也，都有过非正式就业的经历。2019年在京都动画工作室纵火，造成三十六人命丧火海的青叶真司也是从小受尽虐待，长大了没找到稳定的工作。他们没有什么可失去的，连死刑都不怕，日本网民称之为"无敌杀手"。然而，正是我们所在的社会造就了他们。

伴随失落世代而来的种种问题,其实都是可以预见的,政府却一直视若无睹。桥本健二在《新型日本阶级社会》(讲谈社现代新书,2018/上海译文出版社,2021)中指出,日本社会在这几十年里孕育了多达九百万人的"底层阶级"。他们学历低,收入也低,拼死拼活也无法实现阶层跃升。与其他阶级相比,底层阶级的女性比例较高,大多是单身女性和单亲妈妈。底层阶级就是我们的政治一手造就的,阶级间的差距在不断扩大。

新自由主义改革导致非正式职位增加

自上世纪八十年代起,政客稳步推进新自由主义改革。回头看去,中曾根内阁主导的国铁分割民营化[①]就是一切的起点。

新自由主义是一种注重市场竞争原理、主张放宽

[①] 为解决日本国有铁道(简称国铁)的巨额亏损而实行的改革计划,将国铁拆分为七家民营铁路公司。

管制并缩减行政服务的政治经济思想。关键词是"自我决定、自我负责"。前首相小泉纯一郎在任时也反复强调这一理念。从那时起，新自由主义改革推进迅速。

为什么非正式员工与日俱增？因为经济大环境长期不景气，政府同意企业为压缩人力成本而雇佣工资低的非正式员工，并根据实际情况灵活解雇。失落世代问题的根源就在于此。

与《男女雇佣机会均等法》同样在1985年出台的《劳动者派遣法》进一步放宽了对企业用人的管制。经过多次修正，"劳务派遣"这一雇佣方式渗透进各行各业，为期一天的派遣也成为可能。广大企业试图通过削减人力成本熬过不景气的难关。

小泉内阁在二十一世纪初推进结构改革时，为其出谋划策的是内阁中的经济学家竹中平藏。他在2009年出任劳务派遣巨头保圣那（Pasona）集团的董事长，在位十三年之久。据说保圣那通过东京奥运会和新冠疫苗接种的派遣业务赚了个盆满钵满。

不受法律保护的非正式员工增加，是政商勾结的结果。很多人认为放宽管制能促进自由竞争，提高市场效率，却没意识到这样会分化受益者和掉队者，扩大贫富差距。

政客对商界的优待在税率上体现得淋漓尽致。

提高累退性^①高的消费税率（不利于低收入群体），同时降低所得税累进税率^②和法人税率。在1989年，法人税率还有40%，但后来逐步下降，在2018年降至23.2%。消费税上涨带来的税收几乎被法人税率的下降抵消了。

部分财政学者明确指出："只要恢复九十年代初的所得税累进税率和法人税率，即使不引入消费税，也足以支撑社会保障体系。"

来自商界的巨额政治献金使政界屈服于压力之下。岸田内阁在成立之初曾主张对富人的资产征税，可后来也是不了了之。

我们所处的现状，可谓是政客一手酿成的人祸。

---

① 累退性，指纳税人的税负会随着收入增加而递减。
② 累进税率，指纳税人的税负随收入增加而递增的税率。降低该税率，高收入者的受益一般会多于低收入者。

为什么"就业冰河期"一代对政治漠不关心

人祸又岂止这一桩。虽然政治由选民决定,但日本的投票率低得出奇。最令人惊讶的是,受新自由主义改革影响最大的就业冰河期世代,反而是对政治最冷漠和消极的群体。商界用金钱说话,照理说普通人就只能以选票抗衡,可他们并没有把这种力量调动起来。

2015年,日本掀起一系列反对安保相关法案的运动。当时集结在国会门口的,主要是年过花甲的老一辈和二十多岁的年轻人,几乎看不到夹在中间的就业冰河期世代。他们还深受漫画家小林善纪[①]的影响,将对政治感兴趣的人戏称为"懂王"或"单纯正义君"。他们后一代人反倒没看过小林善纪的作品。二十多岁的年轻人积极参与社会运动,涌现出了SEALDs[②]这样

[①] 小林善纪(1953—),日本右翼漫画家,代表作《战争论》美化了日本侵略战争。
[②] 为自由民主主义的学生紧急行动(Students Emergency Action for Liberal Democracy),成立于2015年5月3日的学生运动组织,旨在反对第三届安倍政权的安全保障相关法案。

的新生力量。

当被问及"为什么参加社会运动"时，SEALDs的年轻人的回答往往以"大地震那年，我刚上初一/小学高年级"开头，可见东日本大地震和之后发生的核电站事故对他们造成了多么深远的影响。他们一直都在扪心自问：为什么没能阻止那场堪称人祸的核电站事故？我能做些什么？

家庭环境的熏陶也不容忽视。这批年轻人天天跟父母一起看电视，聊"这个政客有问题"或"这项政策不像话"。他们被揶揄为"懂王"也毫不畏惧，正是得益于这样的家庭文化。

六七十年代的婴儿潮世代在年轻时搞学生运动，但以失败告终。比他们年轻的一代人目睹了整个过程，认定"那就是一群自取灭亡的傻大哥和傻大姐"，嗤之以鼻，进而对政治敬而远之。社会的整体氛围就建立在这种态度之上。

再下一代的关键词则是无知和漠不关心。他们在家庭和学校都不讨论政治。韩国是通过斗争赢得了民主，日本则是因战败获得了"天降馅饼"似的民主。

或许这样的民主主义并未在日本真正扎下根来。

就业冰河期世代对女性主义也是同样不屑。他们认为女性主义者就是一群"跟男人对着干、大喊大叫、歇斯底里的大姐"。见过上一代人被痛打，他们学会了明哲保身，绝不自讨苦吃。或许正是这份冷漠与消极，让他们忽视了自身的命运。

代代相传的父母扭蛋

在贫富差距不断扩大的背景下，日本网友发明了"父母扭蛋"一词。人无法选择自己出生的家庭，就跟扭蛋一样，天知道能扭出什么东西来。说白了就是宿命论，过得好不好全凭偶然。一旦认定人生就跟买彩票一样全靠运气，社会运动就无从谈起。

父母扭蛋能在代际间传递。一旦进入再生产的循环，子孙后代就被固定在社会的底层。

桥本健二对底层阶级的定义是，低学历、年轻、非正式就业的单身人士，以及单亲妈妈。如今高中升学率几乎达到百分百，人人都能上，但这也使"高中学历"成为标配。高中辍学或只有初中学历的人没有了容身之地。低学历者实现阶层跃升的难度极高。

大学升学率则是男女均为五成左右,每两人里有一人能上大学。都说随着少子化加剧,人人都能上大学的时代近在咫尺,但文部科学省在刻意控制大学的招生名额。由此可见,日本依然是一个讲究学历的社会。

经济增速迅猛的时候,哪怕一个只有初高中学历的人在工厂上班,收入也还过得去。各个学历群体、企业规模之间的工资差距,跟今天比起来相对较小。想当年,工厂工人都是有编制的正式员工,许多人以"公司职员"自居。在七十年代之前,国民的贫富差距相对较小,八成以上的日本人认为自己属于中产阶级,"一亿国民皆中产"的说法由此而来。那个年代的企业高管收入也不算太高。然而,随着新自由主义改革的推进,管理层与员工的收入差距不断扩大,高管年薪超过一亿日元的企业显著增加。

日本已经完成"换挡",朝着格差社会大步迈进。自八十年代中期以来,日本社会代际的阶层流动性不断下降。换句话说，贫富差距开始代代相传。政客几乎都是"二代"，子女原封不动地继承了父母的社会阶层，"父母扭蛋"正是对这一现象的精辟总结。

贫富差距进一步扩大，日本将沦为二流国家

在过去三十年里，日本政府大力推行新自由主义改革，实施了各种扩大贫富差距的政策，国民对此也颇为支持。令人不解的是，连底层阶级都很支持此类政策。

桥本健二在书中提供了这样一组数据：在某次问卷调查中，超过半数的受访者赞同，如果机会平等，那么因竞争出现贫富差距也在所难免。越是收入高的人群，赞同者的占比就越高，这还是很好理解的，但我惊讶地发现，贫困人群中竟也有44.1%的人表示赞同。

更令我震撼的还在后头：赞成"贫困是因为不够努力"的占比与经济阶层的高度成正比，但最吃亏的底层受访者竟也有37.3%表示赞同（包括"非常赞同"

与"较为赞同")。他们似乎认为眼下的贫困是自己造成的,不是政府和社会的错。于是他们只能自责,而不是责怪社会或政客。许多有心理问题(如自残、家里蹲)的人似乎深度内化了"自我决定、自我负责"的新自由主义原则。哪怕再苦再难,这群人也不会开口求助。"不能安心当个弱者的社会"就是这样形成的。

到了九十年代,日本的政治走上了扩大差距、抛弃弱者的路线,而弱势的一方也很支持这些政客。在小泉邮政选举[①]期间,为大力推动结构改革的小泉纯一郎摇旗呐喊的,正是就业冰河期世代的年轻人。其他人则被"干啥都是白费力气"的无力感笼罩,连票都懒得去投,以"不作为"默认了现状。

贫富差距的扩大会显著拉低整个社会的效率,因为这样的社会无法激发人们的积极性。

今时今日,日本正在大跨步迈向"二流国家"。

---

① 即2005年第四十四届日本众议院大选。当时小泉纯一郎推进的邮政民营化法案在众议院通过,但在参议院举步维艰。为挽回局面,小泉决定解散众议院举行大选,在新选举出的众议院以超三分之二的票数强行通过法案。

2022年的GDP还能排到世界第三，人均GDP却已降至第三十一名，性别差距指数（GGI）更是排在第一百一十六名，在发达国家中垫底。或许日本已经算不上"发达国家"了。

今天的日元贬值正是"安倍经济学"酿成的恶果。货币的价值是国际社会对一国国力的评价，因此日元贬值就意味着国际社会对日本的评价在下降。我经历过1美元=360日元的时代，那时候根本没法随心所欲地出国。后来日元一路升值到1美元=75日元，如今又再次贬值。日本就这样成了让外国游客高呼"真便宜"的旅游目的地，汽油等进口商品的价格却不断上涨，国力日渐衰退。

容我再强调一遍，这完完全全是政治酿成的人祸。

分化女性群体的《男女雇佣机会均等法》

新自由主义改革也加剧了女性群体的分化。

新自由主义政客不同于保守派政客，不会要求女性回归家庭。他们高举"促进女性就业"的大旗，希望女性在家庭和职场发光发热，因为这样对他们更有利。

1985年，《男女雇佣机会均等法》正式出台。这是一部赶在联合国批准《消除对妇女一切形式歧视公约》之前加紧制定的法律。许多人坚信《均等法》对女性是有利的，当年的女大学生也觉得未来一片光明。

然而，为了将这部法律的影响力降到最低，企业引入"分轨式人事管理制度"，将正式员工划分成综合职位和一般职位①。说得再直白一些，男性几乎都是前者，女性则是在入职时就被分成了"少数综合职位"和"大多数一般职位"，对应的就是原来的"男性职位"和"女性职位"，换汤不换药。但在求职招聘的过程中，选择哪一条职业路线被归入了"自我决定、自我负责"的范畴，大大提升了女性劳动者抗争职场性别歧视的难度。因为性别歧视被包装成了"职

---

① 综合职位可理解为管理岗，经常调职，晋升机会大。一般职位是内勤文职，可被非正式员工替代。

位的不同导致的待遇差异",连检举揭发都成了一桩难事。

不同的职位自然有不同的待遇。一般职位在升职、加薪等方面的待遇与综合职位大不相同。企业对她们的定位依然是"辅助男性员工的二流劳动力"。

至于跟男性员工一样"好用"的综合职位女员工,则要想方设法用到极致。因为企业发现,女性的工作表现并不逊色于男性。

《劳动者派遣法》同样出台于1985年。如前所述,这部法律造成了正式员工与非正式员工之间的差距。不仅如此,从事常规工作的一般职位的正式员工也逐渐被非正式的派遣员工取代。在过去的三十多年里,超过半数的职场女性沦为非正式员工。对非正式员工来说,《均等法》毫无意义。

同一代女性被分化成了"全力拼事业的综合职位正式员工"和"无缘晋升的一般职位非正式员工",后者还能细分成已婚、未婚与单亲妈妈。她们虽然坐在同一间办公室里,却有着不同的属性,利益也不再一致。随着分化的加剧，女性群体的团结变得愈发困难。

部分社会性别学者将1985年称为"女性分化元年"、"女性贫困元年"和"女性差距元年"。

如今回想起来，《均等法》的出台并不是日本女性运动的成功，而是不折不扣的挫折。女性要求的明明是"男女雇佣平等法"，最终得到的却是"男女雇佣机会均等法"。大多数女性团体反对到了最后关头。《均等法》的主要推手、时任劳动省妇女少年局局长的赤松良子表示，她尽力推动出台这部法律，是因为不想"把孩子和洗澡水一起倒掉"，可还是有人认为这样的法律还不如没有好。还记得《均等法》出台时，我自己也生出了难以言喻的挫败感，至今记忆犹新。这是一段必须铭记的历史。

为什么广大女性团体都反对这部法律？因为它逼得女性放弃了斗争得来的《劳动基准法》女性保护条款。企业要求女性在"平等"和"保护"之间二选一。《劳动基准法》中原本有月经假、禁止女性从事夜间劳动和危险有害业务的相关规定，旨在保护母体。这是女性劳动者奋力争取来的，而企业要求她们放弃这些条款。

然而,放弃"保护"换来的"平等"徒有虚名。《均等法》做出硬性规定的仅限于福利和教育培训领域,而针对招聘、部署、晋升等关键环节的规定仅仅是"建议",违反了也不会受到惩罚。

换句话说,《均等法》承诺的男女平等不过是纸上谈兵,实质性的女性保护条款却被撤销,好一场只进不出的不平等交易。

"选保护还是平等?"面对这道选择题,女性团体提出"既要保护也要平等"的要求。她们的主张是,既然禁止女性从事夜间劳动和危险有害业务,那就应该对男性下达同样的禁令,但这一要求被驳回了。男性的工作规则不变,女性则不得不和他们在同一套规则下竞争。这是"机会平等",而非"结果平等"。

在男性制定的规则体系下,加班到深夜、周末打高尔夫、因为工作调动搬去外地都成了理所当然。"做不到"就会被视为"不够格"。女性难以在这样的规则下竞争,因为她们背负着男性甩掉的家庭责任,需要做家务、带孩子。而男性之所以能全力投入工作，毫无后顾之忧，是因为家里有主妇操持一切。在男性的竞争规则下，女性必然吃亏，这是一场注定失败的竞争。而女性无法像男性那样全力工作时，等待她们的就是"都怪你自己"的责备。这就是《均等法》所谓的"机会平等"。

《均等法》将恶劣的工作条件强加于女性

当年也有小部分女性支持《均等法》，好比女性高管和在报社工作的女记者。媒体行业的精英女记者觉得《劳动基准法》中对女性保护的规定（特别是"禁止在晚上十点到次日早上五点工作"这条）阻碍了她们的晋升。十点一到就不得不撂下同事回家的人，显然当不了企业或政府机构的领导，也干不了需要在半夜凌晨抢新闻的记者。女记者原本被局限在不用上夜班的妇女家庭部、文艺部等"妇科隔离区"。解除对深夜劳动的限制后，女记者才得以在地方办事处工作，值夜班、去警署采访也成为可能。

从这个角度看，《均等法》确实扩展了女性的职业领域。对部分女性来说，它确实带来了好处。

然而，对大多数女性劳动者而言，以实质性的保护换取徒有虚名的平等，意味着"劳动条件不变，但劳动强度上升"，事实也的确如此。那个年代已经出现电脑等信息设备，催生出大批女性打字员。为避免昂贵的电脑在夜间闲置，企业大力推进女性的长时间劳动，导致许多女性打字员患上腱鞘炎等职业病，这也是众所周知的事实。

区分综合职位和一般职位就是性别歧视

《均等法》施行后，企业采取了哪些应对措施呢？大企业大多引入了分轨式人事管理制度。因为法律禁止按性别区别对待员工。

于是，企业设置了两种职位——负责核心业务的综合职位和负责辅助业务的一般职位，在招聘环节就让应聘者自行选择。男性几乎都会选综合职位，偶尔碰上一个想报一般职位的，人事部也会想方设法引导他们选择综合职位，说"这样保你不吃亏"。想报综合职位的女性则必须在激烈的竞争中脱颖而出。

最后的结果就是男性全都是综合职位，女性大多是一般职位，只有极少数拿下综合职位。换句话说，一般职位是清一色的女性。一般职位只从事辅助业务，和综合职位一样的晋升和加薪是指望不上的。所以，晚进公司的综合职位男性员工只需几年就能在工资和职位上超过当初指导过他们的一般职位女性员工。企业却可以声称，这些待遇上的差异是职位不同所致，并不是性别歧视。而且走哪条路是员工选的，他们也无法以不公平为由提起诉讼。

在《均等法》施行之前，职场中的"性别差距"常会被"学历差距"掩盖。因为企业招聘的男性员工大多有大学文凭，女性员工则往往只有高中或大专学历。久而久之，企业就不知道该怎么用大学毕业、学历不逊色于男性的女性员工了。

企业要求综合职位的女性不仅要像男人一样拼，还要像女人一样细心。所以在《均等法》刚施行的那几年，职场上闹出了不少令人啼笑皆非的事情。

比如端茶送水，女性员工提早到公司为同事泡茶，是当时的职场惯例。她们必须记住每个人的杯子长什么样，爱喝什么口味的茶，一到点就得把茶水端上桌，还要负责清洗烟灰缸（当时的职场还没有禁烟），别提有多烦琐了。《均等法》一出，领导就犯了愁：该不该把刚进公司的综合职位女性员工纳入端茶送水的排班表呢？这批新人的工资比较高，让她们干这种活似乎不太合算。可要是不让她们干，又怕老人不痛快。

后来，这种惯例逐渐被自助茶水机取代。但是请大家不要忘记，这种改变离不开女性前辈"凭什么只让女的端茶送水"的抗议。这事说大不大，可说小也不小。

要不要让综合职位的女性员工穿制服，也成了困扰职场的一大课题。因为当时有许多公司规定女性员工必须穿制服上班。

还有所谓的午餐政治难题——女性员工相约外出午餐时，要不要叫上综合职位的女同事？这其实是一个非正式的权力政治问题。一位综合职位女性回忆道，她每次带便当去公司，都会遭到同事好奇地打量。可见当时的职场多么困惑于如何对待综合职位女性。

不难想象，那些被当成奇珍异兽的年轻女性有多么不自在，面临着多大的压力。事实胜于雄辩，《均等法》施行后的第一批综合职位女性都是激烈竞争的优胜者，她们的离职率却高得出奇。

企业在浪费女性的能力！

女性就这样被分化成了综合职位和一般职位。

学历的差距并非能力本身的差距，而是父母教育投资之差的结果。许多父母都觉得儿子说什么都得上大学，女儿则不然，有高中或大专文凭就够了。尤其是我们这一代，高中学历才是女性的标配。在我当年就读的地方公立高中（男女同校），有好几个女生是高中一毕业就进了本地的金融机构。企业很"器重"她们，视其为男性员工的候选配偶，盼着她们有朝一日结婚辞职。其中不乏在我看来非常优秀的女性，企业却把她们锁死在辅助男性员工的岗位上，懒得让她们发挥潜力。

在分轨式人事管理制度下，一般职位的女性一进公司就被放在一条不同于他人的轨道上。哪怕她们对这种安排心怀不满，企业也可以推说"这不是性别歧视"，因为职位是她们在应聘阶段自己选的。

数年过后，一些企业人事主管对这项制度做出了反思。说不定，那些以一般职位身份入职的女性有着巨大的成长潜力。随着工龄的增长，她们可能会生出"我想负责更多的工作，想要再往上走一走"的念头。一般职位的工作年限也在逐渐拉长，将经验丰富的女性员工锁死在辅助性岗位上，对企业来说可能也是一大损失。部分人事主管认为，不在招聘时区分职位，入职三年后再根据工作表现划分才更高效。有些公司也引入了从一般职位转为综合职位的制度，但门槛设得很高，不仅需要领导推荐，还得通过高难度的考试，只有真正得到企业认可的人才能通过选拔。

1999年的修正版《均等法》加强了对雇佣核心环节（即招聘、部署、晋升）的性别歧视的打击力度，从"建议避免"改成了"必须禁止"。在野村证券诉讼①、兼松诉讼②等案例中，法院判决分轨式人事管理制度违反公序良俗，要求企业赔偿原告的损失。即便如此，许多企业仍在沿用这套制度，因为它是职场性别歧视的遮羞布。

我的感想可以总结成这么一句话——"闹了半天，区分综合职位和一般职位不还是对女性的分而治之吗？和学生运动里区分暴力玫瑰跟救援天使一样嘛。"

当年参加学生运动的女性可以分成两种类型：一种巾帼不让须眉，跟男人一样站在最前线；另一种则

---

① 1993年，十二名野村证券女性员工提起诉讼，称同年入职的高中学历男性员工均已晋升为代理课长，她们却没有得到晋升机会，这是对女性的歧视，要求根据劳动合同给予相应的待遇，并支付她们与男性员工的工资差额。原被告双方最终在东京高等法院和解，野村证券向全体原告支付和解金。
② 1995年，大型商社兼松的六名资深女员工称，分轨式人事管理制度使她们遭到性别歧视，要求公司赔偿三点一亿日元（包括工资差额）。一审法院驳回了原告的诉讼请求，理由是"兼松的分轨式人事管理制度不违反公序良俗"。最终，最高法院支持了原告的部分请求。

自认争不过男人，主动承担了后援的角色。

当时东京大学有一位绰号"暴力玫瑰"（德语Gewalt Rosa）的女学生。她与男同志一样戴着头盔，高举棍棒，人们却把她的形象画进漫画，百般揶揄。即便成为"荣誉男性"，她们也只是众人眼里的二流士兵。"救援天使"指的则是在男同志被捕后去拘留所送物资的女学生。此外，在街垒后方，男性暗地里称那些在性方面比较活跃的女学生为"公厕"，让她们扮演"慰安妇"的角色。

哦……原来综合职位就是当年的"暴力玫瑰"，一般职位对应的则是"救援天使"。跟学生运动时一样，这两个概念也是为男性分别支使女性服务的。

《均等法》出台一年后，劳动省发布了实施细则，称"只招女性"不算违法，因为"《均等法》的推行旨在扩大女性的职业领域"，专门面向女性的职位因此得以保留。和百分之九十以上的职位"只招男性"的时代相比，大环境确实有所改善，但离男女平等还差得远。

其实《均等法》是一部企业不必做任何改变的法

律，不过是向一小部分希望跟男人一样工作的女性敞开了大门。企业并没有为女性提供更友好的工作环境，导致女性无法尽情发挥潜力。这对企业而言也是巨大的损失。这样的职场怎么可能孕育创新。最终，政界和商界守住了男性赚钱养家的模式。男性主导的工会也随声附和。我们完全可以说，这是一场政界、商界、官僚系统和工会的"老头同盟"酿成的人祸。

然而，媒体没有充分报道这些事实。因为女记者绝口不提《均等法》的负面影响，只顾撰写那些只能触动和她们一样有大学文凭的一线城市精英女性的文章。

收割综合职位女性的"职业女性美学"

选择综合职位的"均等法第一代"女性在职场隐藏了自己作为女性的一面。这代人的幸存者要么保持单身，要么已婚无子，最多生一个。有孩子的那些大多比较幸运，能得到老一辈的帮助。

记者浜田敬子在《职业女性与负罪感》（集英社，

2018)一书中写过她当年把父母接来帮忙带孩子的故事。还记得看到这本书的标题时,我心里"咯噔"一下——难道女性都不能毫无愧疚地工作了吗?她在之后推出的《男本位企业的覆灭》(文春新书,2022)中提到,有个纠结该不该让父母帮忙带孩子的师妹反复问她"你当年就没有纠结过吗"。她的回答是"没有"。我非常理解她说出这句话时有多难受,因为当年的她别无选择,根本没有纠结的余地。

当上领导之后,她惊讶地发现,同事中竟有好几位跟她一样的职场妈妈。她扪心自问:为什么我一直无知无觉?因为包括她自己在内的职场妈妈在工作中都抹去了私生活的痕迹。

她们坚信,在职场装出一副自己没有拖家带口的样子,绝不表现出为人妻、为人母的一面,才是职业女性的生存之道。因为《均等法》要求女性"像男人那样工作"。不把"家味儿"带进职场一直都是职业女性的美学。

还记得1987年的美龄论战吗?艺人陈美龄(Agnes Chan)带着襁褓中的孩子去电视台录节目,人们议论纷纷，闹得满城风雨。

"把孩子带去工作的地方不符合职业女性的美学""你把职场当什么了"——当时也有女性发表这样的观点。她们认为职场是神圣的，不该掺杂私生活的气息。演艺界大腕淡谷则子苦口婆心道，艺人贩卖的是梦想，不能沾染私生活的气息。作家林真理子和中野翠也帮腔道："别闹了，美龄。"

然而，那不过是被错误灌输给我们的虚假美学。男人不必把私生活带进职场，是因为有妻子当着全职主妇，扛起了家务育儿的重任。我在《朝日新闻》发表了一篇题为"职场妈妈失去了什么"的文章，加入这场辩论，一战成名。

产后重返职场的女性之所以会被这套美学牢牢捆住，正是因为《均等法》要求女性"跟男性一样工作"，"别让人看出你是个女人"。

杰出的性别研究者大泽真理一针见血地指出，《均等法》是一部"为男性量身定制的法律"。女性只有勉强穿上不合身的男装，才能在职场生存。"要是女人能像男人那样工作，我们就勉为其难地认了"——

这就是《均等法》的本质。无人质疑男性的工作方式，直到最近，呼吁改革工作方式的声音才逐渐响亮起来。

《均等法》出台约莫四十年后，所谓"后均等法一期生"中出现了有史以来的"首位女性部长/女性董事"，但她们只是极少数的幸存者。不难想象，她们走过的路上尸骨累累，全是含恨离职的女同胞。

应该改变工作方式的明明是男性

走男性化路线的"均等法第一代"付出了惨痛的代价。越是精英女性，就越容易被"你能跟我们同台竞技吗"的言论煽动。出众的能力，让她们能够应对各种苛刻的要求。她们不仅要跟男人一样工作，回到家后还要麻利地搞定家务，因为她们觉得自己动手比使唤老公省事。男人就这样被免除了做家务、带孩子的责任。

职业顾问中野圆佳在《"育儿假世代"的困境》（光文社新书，2014）一书中通过实证研究揭示出，在"男性动机"①驱动下选择综合职位的、能力出众的女性,往往在休完育儿假后因生产、带孩子等"女性理由"离职。她指出,这些女性自己就是精英员工,可以"理解并共情"同为精英员工的丈夫,因此她们从一开始就没有将丈夫算作育儿人手。

与其期待丈夫参与育儿,惹他不高兴,还不如自己上,这样既省时间,又能避免夫妻矛盾。这套逻辑倒是不难理解,可要是孩子落地以后,丈夫的行为没有丝毫改变,夫妻关系也没有变化,女性心中的怨气就会不断膨胀。在自己最手忙脚乱的育儿期积攒起来的怨气,就算能压住,也不会消失。"都怪你那个时候……"——这种怨气只会在今后的无数个时间点涌上心头,腐蚀夫妻关系。为什么妻子不愿与丈夫正面交涉呢?

因为改变自己,就是她们一直以来的生存之道。之所以能做到,不过是因为她们刚好有相应的能力和体力。她们中的一些人还会强逼下一代:"我能做到,

---

① 此处的"男性动机"为该书提出的概念术语,指选择工作时只考虑人生价值、成就感与薪酬,而不考虑是否对生育友好。

你怎么就不能？"

哪怕双方都是律师或医生的高学历、高收入夫妻，也经常是妻子放慢职业发展的脚步，优先丈夫的事业。在生育后改做兼职的女医生不在少数。照理说，双收入家庭理应具有一定的经济实力，她们却很少使用育婴师等外部育儿资源，想必是因为无法挣脱"孩子就该妈妈自己带"的观念束缚。

女性就是这样牺牲了自身的职业发展。不然就得跟男人一样工作，断了成家的念想，最终拼坏身体。为什么女性不得不单方面付出这样的代价？

"我们不想像上一代那样牺牲自己！""你的活法不能成为我们的模板！"——新生代女性已经表明了态度。她们花了三十多年才反应过来，"女性的男性化"并不公平。工作方式改革的矛头理应指向男性的工作方式。

《均等法》屈服于"优先企业利益"的压力

在制定《均等法》的过程中，资方做出了激烈的抵抗。在法案审议会上，资方委员不断强迫劳方委员让步,最终搞出了一部被女性痛批"还不如没有"的法律。

《均等法》的主要推手、时任劳动省妇女少年局局长的赤松良子在《均等法》出台三十周年之际接受《朝日新闻》采访时称,她在政府大楼偶遇当时的首相中曾根康弘,对方来了一句"你得有甘当资本家走狗的思想准备"。

类似的证言还有很多。在纪念《均等法》出台三十周年的 NHK 节目中,当年法案审议会的资方委员坦言"故意弄了些不好落实的条款",诚实得教人大跌眼镜。

赤松本人表示:"我知道自己在哪些方面让了步,可现在不想办法通过,将来通过的难度会更大,因此我才竭力促成法案的出台。"言外之意,先搞个雏形出来,回头再改就是了。

NHK 的节目《Project X～挑战者们～》也做了一期"女性的十年战争:《男女雇佣机会均等法》的诞生"。众所周知,这档节目的旁白总是以"男子汉奋勇拼搏……"开头,赤松成了有史以来第一位女性主角。她在节目中给出的评语是:"无论如何,能通过就是一桩好事。"节目组把那段历史拍成了女性官僚的成功故事,完全没有提及当时的反对运动是多么轰轰烈烈。我不禁感叹,历史就是这样被篡改的。

在《均等法》出台三十周年之际,日本学术会议的女性成员牵头办了一场主题为"《均等法》有没有变成'天鹅'"的研讨会,人称"天鹅研讨会"。诞生时只是个"丑小鸭"的《均等法》,有没有脱胎换骨,变成美丽的天鹅呢?

我在主旨报告中给出的结论是,"《均等法》没能变成天鹅,反而变成了新自由主义的鸭子①"。综合职位就是不折不扣的诱饵。女性被"只要走这条路,你们也能出人头地"的花言巧语所蒙蔽,卷入了不公平的竞争。早在《均等法》出台之初,我便产生了一个疑问:鼓励年轻女性咬紧牙关拼事业,真的是在实践女性主义吗?直觉告诉我,"绝对不是"。事实证明,我的直觉是正确的。专家们对《均等法》的评价

---

① 日语中的"鸭"有"冤大头"的意思。

普遍不高，不过这次研讨会得出的结论是，经过多次修改之后，这部法律好歹达到了"有总比没有好"的水平。

性骚扰是职场润滑剂！？

值得肯定的是，1997年的《均等法》修正版（1999年施行）不仅使"杜绝招聘、录用、配置、晋升环节的性别歧视"成了企业必须履行的义务，还强制要求企业预防并应对性骚扰。这一改动可谓是收效显著。

在此之前，企业往往会把投诉性骚扰的女性员工视为麻烦的源头，一心想开掉了事。因为加害者基本都是中层以上的领导，保护他们更有利于组织的稳固。于是，孤立受害者、逼迫她们辞职，就成了最普遍的处理方法。

意识到向企业投诉也是白搭，女性员工便转而向工会求助。但工会也会以"不介入私人之间的问题"为由，断然拒绝。受害者走投无路，只能在"忍气吞声"和"辞职走人"里二选一。

实在咽不下这口气的会拿起法律武器。性骚扰诉讼的第一枪是1989年打响的,"性骚扰"一词也是在这一年拿下流行语大奖。周刊和月刊登在电车上的广告语,尽是些揶揄的言辞,诸如"女的都穿裤子算了""'你真漂亮'也算性骚扰?职场紧绷绷"……在那个年代,肢体接触和荤段子仍被视为职场润滑剂。没了润滑剂,职场气氛就会变得紧张,女的就该睁一只眼闭一只眼——这就是当年的"常识"。

后来,针对性骚扰的诉讼稳步增加,胜诉率节节攀升,罚款金额也越来越高了。福冈性骚扰案[①]的原告后援团团长、日本首屈一指的性骚扰研究专家牟田和惠出过一本《课长,这不是恋爱,这就是性骚扰!》(集英社新书,2013/北京日报出版社,2024)。我应邀为此书写了推荐语——"望诸君洁身自好,以免晚节不保。祝贺亲友晋升,此书乃最佳馈赠。"性骚扰从"职场常态"变成了"零容忍"。这多亏长年

---

① 前出版社女员工状告老东家和主编,称主编向公司内外的人发表批评其异性关系的言论,导致其不得不辞职。

累月的法庭斗争、告发和脚踏实地的调查研究。

大学的就业指导部门只会教学生怎么填申请表，怎么鞠躬行礼，再分享点面试技巧。可是在我看来，教学生在职场遇到问题时该如何应对，该如何用《劳动基准法》、修正版《均等法》等法律武器保护自己才更重要，可惜能做到这一点的大学是凤毛麟角。

损害企业利益的性骚扰

1997年的修正版《均等法》规定，企业有义务预防并应对性骚扰。于是企业纷纷设立性骚扰投诉窗口，开展相关培训。性骚扰被定义为工伤乃至对人权的侵害，受害者终于能享受到受害者的待遇。

修正版《均等法》施行后，反性骚扰培训发生一百八十度大转变。要知道修正前，接受培训的都是"有可能成为受害者"的女性员工，培训内容是"你们要留心这几点，免得遭殃"。修正版一出，性骚扰培训的对象就变成了"有可能成为加害者"的中层以上男领导。反性骚扰培训行业的市场也因此扩大了不少。东京大学每年都会办一次针对全校教授的反性骚扰培训，因为教授是成为加害者的高风险群体。

法律的出台，使企业的风险管理策略从"尽快开掉受害者"转变成了"尽快开掉加害者"。

2018 年，时任财务省事务次官的福田淳一对电视台女记者多次发表性骚扰言论一事曝光。财务省都还没承认或否认，就迅速批准了福田的辞职报告。这倒也符合风险管理的常识。这一做法引爆了舆论的抨击，逼得财务省在福田辞职后承认确有其事，给出了"退休金减少百分之二十"的处分。要不是人们口诛笔伐，福田定能全额领取退休金，履历上也不会留下污点。

非正式员工和自由职业者也需要法律的保护

综上所述，在企业的大伞下工作的人得到了更多保护，但如何应对非正式员工和自由职业者遭遇的性骚扰和职场霸凌仍是一个难题。2023 年，《自由职业者新法》正式出台，但这部法律仅适用于有长期合同关系的自由职业者，单次合同不在适用范围内。

这一群体的弱点在于缺乏横向的联系，因孤立而缺乏谈判力。不仅如此，在与客户单独谈判的过程中，各方面的条件都很容易被对方控制，进而导致群体内部分化。如果遇到拖欠工资、不续约之类的问题，还能求助于非正式就业工会，但由于个体之间存在竞争关系，大家很难团结一心。自由职业者也很难主动发声，因为挑毛拣刺就意味着接不到活，毕竟替代品有的是。

演员森崎惠长年致力于推动演员和演艺界幕后人员的工伤认定。2021年，受益于相关制度的修改，演艺界人士终于被纳入工伤保险体系，她就在这个过程中发挥了至关重要的作用。演员、替身、摄影师、道具师等演艺界人士大多是自由职业者，万一在拍摄过程中受了伤，也得不到相应的赔偿。据说她就是为了让大家能够安心工作才踏上了奋斗之路。

她也是公共资源财团主办的"女性领袖援助基金～一粒麦子～"选定的2022年度援助对象。多亏了这些脚踏实地的努力，相关制度才能逐步完善。

如何拥有改变世界的力量？

打造性别平等的社会倒也不是痴人说梦。

方法之一就是亮出性别统计数据，用证据把不容否认的实际情况摆在台面上。

记者津田大介给我们开了个好头。担任"2019年爱知三年展"的艺术总监时，他高度关注艺术界的性别平衡，提议参展艺术家男女各半。

在大多数美术类院校，女性新生的占比超过七成，教职员却是男性占八到九成。美术馆的策展人明明有六成多是女性，可到了馆长这个级别，男性的占比就超过了八成。国际艺术节的参展艺术家有近八成是男性……他用这些数据展示了艺术界的现状，表示此次三年展将确保参展艺术家男女各半。

人们常说"艺术界是凭实力说话""优秀的艺术无关性别"，而上述数据足以用流行病学研究的思路证明，艺术界的性别不平衡存在某种人为的、结构性的因素。虽然个别的差异难以证明，但我们可以通过数据展示统计学差异的存在，借此反驳"女性没有过硬的实力,所以才导致了这种结果"的偏见。

2022年成立的"表达现场调查团"调查并发布了艺术、音乐、戏剧、文学、电影、建筑等领域的性别统计数据。在美术馆举办个展的艺术家性别比、美术馆购入的艺术作品的作者性别比、文学奖项评委和得主的性别比……一项项数据摆在了公众眼前。

以乐团为例,男性成员的占比不过55.2%,也就比女性多那么一点点,但常任指挥和音乐总监的男性占比高达96.9%。大家就不觉得奇怪吗?为什么领导岗位上的女性如此之少?

然而,拜"艺术超脱性别"这一固有观念(又名"艺术至上主义")所赐,部分女性不愿被归入"女性艺术家"的范畴,艺术界甚至一度倾向于认为超脱性别、不局限于女性主义的表达更容易获得好评。2022年,金泽21世纪美术馆举办了一场"女性主义展",听闻当时没有一位参展艺术家对这个标题表示抵触,我不由得感慨,时代真的变了。

世界经济论坛每年发布的全球性别差距指数排名,也是十分有价值的性别统计数据之一。"日本女人的地位已经很高了！""日本已经不存在性别歧视了！"……日本社会常有这样的论调，但只要亮出白纸黑字的数据，任谁都没法抵赖。

另一种推动性别平等的方法是，掌握决策权的人实际行使这种权力。津田大介在担任爱知三年展艺术总监时的决策为我们留下了极具参考价值的前例。在他主笔《朝日新闻》的《论坛时评》栏目时与他合作的论坛委员治部莲华如此说道："很多决策者把性别平等的重要性挂在嘴边，付诸实践的却只有少数，他的决定让我拍手叫好。"津田大介就是那少数中的一员。身为艺术总监，他对三年展有决策权，于是他果断拍板决定参展艺术家男女各半，并且执行到底。由于当时大部分预算已经划拨给了既定的参展艺术家，为了实现男女各半，他东奔西走，争取额外的预算。顺便一提，我听说他接受《论坛时评》主笔一职时，提出的条件也是"论坛委员男女各半"。此举的效果可谓立竿见影——论坛委员中只有一位女性的时候，所有与性别相关的发言都集中在她一个人身上。改成男女各半以后，男性委员和女性委员都开始提及自己专业领域中的性别议题。

要生存，就得当专才！

日企一贯采用成员（membership）型雇佣模式，旨在培养能够应对各种内部业务的通才（generalist）。欧美企业则普遍采用职务（job）型雇佣模式，明确规定职务内容，即"你在这个组织里负责这项工作"。日企讲究心领神会的默契，致力于培养能够视情况帮同事分担工作的多面手。尽管没有突出的领袖，这种"大家半斤八两"的队伍也能通过团队协作保证组织的正常运行。

在下班后的酒桌、周末的高尔夫球场和吸烟室探讨业务、敲定人事安排也是常有的事。女性很难打入这样的男性圈子。男性认为女性不懂职场的默会知识[①]，一旦闯进来，还会制造出不和谐的声音。

然而，通晓职场默会知识的通才很难跳槽。因

---

① 默会知识（tacit knowledge），又称隐性知识，指从一定的实践和经验中领悟得来的知识。

为他们的技能缺乏通用性，换一家公司就派不上用场了。

要想在今后的社会屹立不倒，最好的方法就是做个专才（specialist）。能力出众的销售专家去哪儿都吃香。食品公司的金牌销售八成也很擅长卖车。因为销售干得好被猎头挖走的情况比比皆是。

只要成了专才，就不用在一棵树上吊死。哪怕现在这家公司倒闭了，你也能换个地方接着干。

跟我对接的编辑就是做书的专家。我的著作对于出版社而言是商品，但我认为自己合作的对象是编辑而非出版社，所以合作惯了的编辑要是跳槽，我就会跟过去。

我自己是做研究的，研究者也是"专才"。研究者就该多多跳槽，优秀的研究者都是辗转各路大学与研究机构，同时积累研究成果的。

但大多数日企却没有采用这种人事管理方式。因为日企的掌舵人一直都是热衷"心领神会"的组织文化、讲究"默契"的老头。正是这种文化挤压了多样性的空间，导致日企止步不前。

推进性别平等、包容多样性有助于提高业绩与收益，这一点已经通过各种数据得到证明。现如今，"用女的赚得多"已经成了呼吁企业推进多样性战略的常用说辞，可日企还是固态依然，没有要改变的迹象。照理说，营利企业为盈利而生，追求的是"利益最大化"，追求更好的业绩和经济合理性是天经地义，为什么日企就是不肯改呢？他们到底把什么放在第一位？

我百思不得其解。看来日企一直以来最重视的是员工的忠心，而非能力，他们借此维护的是男性圈子文化的再生产。长期维持这种组织文化，便会产生"停不下来"的惯性。更何况，这种做法曾为他们带来辉煌的成功。

我一直在向企业管理者呼吁，如果继续维持现状，日企一定会走下坡路，哪怕是为了维持现状，也必须尽快做出改变。可惜他们没有听进去，也许是因为危机感还不够强吧。问题是，等更严重的危机到来时再改，恐怕就来不及了。

四五十岁时充充电是延长职业生涯的诀窍

成为专才是在今后的社会站稳脚跟的一条明路。跟记者朋友交流的时候,我也会建议他们在自己擅长的领域多积累信息和人脉,还说照护行业是个朝阳市场,争做照护专家也是一个不错的选择。

不过,只有一项专长是不够的。在我们身处的这个时代,个人和组织都需要多样性。因为今后最吃香的是信息生产力高的人才,而信息就出自不同文化的碰撞。

信息源于噪声(noise),这是信息工程的基本原理。因此,没有噪声的地方就不会产生信息。信息是众多噪声里几个有意义的讯息转化而成的,所以,提高信息生产力离不开制造噪声的装置。前东京奥组委会长森喜朗称"有女性在场的会开起来费时间",引起轩然大波。其实,"会议时间变长"就是"会场产生了噪声"的铁证。如果森喜朗之前参加的会议都很快结束,那只能说明参会各方已经提前协调过,也揣摩过上意,早就有了结论,开会只是走个形式罢了。这种会议是不会产生噪声的。而且，掌控默会知识的日本男性圈子一直都在扮演降噪器的角色。

对男性主导的组织文化而言，女性就是一种异文化，所以女性的加入自然会引发文化摩擦。对那些追求和谐与步调一致的人来说，摩擦显然是不愉快的，但信息生产力的高低与"能否享受这种摩擦"深度挂钩。

我时常感叹，职场妈妈每天都在高度自动化的高科技职场和有婴幼儿的家庭之间来回奔波。高等教育的年限之所以变长，是因为今时今日的职场人不仅要掌握英语，还得具备信息技术等各方面的能力。可今天的新生儿跟二十万年前智人刚诞生时几乎没什么差别。这意味着职场妈妈每天都要跨越二十万年的时差……这种令人头晕目眩的文化落差必然会催生出噪声。而且，负责家务育儿的女性具备多线程能力，可以一边哄孩子一边做饭，顺便打开洗衣机。当然，男性只要多参与家务和育儿，就会发现自己也能多线程操作。如此强大的技能岂有不用之理。

未来最吃香的是脚踏两条船,甚至是三四条船的多面手。因为只专注一个领域的人才很可能因为技术过时而被淘汰。外语也要多学几门。除了母语和英语,最好再学个二外。因为外语能够拓展你的世界。掌握好几门语言,就能以好几个角度审视世界。

鼓励员工"搞副业",也不仅仅是因为企业开不出令人满意的工资。让员工体验多种多样的文化,对企业本身也很有好处,无论新开发的技能是不是跟赚钱挂钩。哪怕员工利用业余时间追星或者钻研二次元,万一哪天就派上用场了呢。而且多样化的经验能有效丰富并拓宽我们的人生。

以我自己为例:照理说研究者也是专才的一种,而我在五十多岁的时候主动把研究重心转移到了照护领域。于我而言,养老照护行业是一个陌生的世界,所见所闻自是样样新鲜,惊喜不断。我也深入一线,开展了大量实地调研,并以此为基础,花了十年时间推出《照护社会学:走向当事者主权的福利社会》(太田出版,2011)。

我年轻时一直在观察同行的前辈,感觉五十多岁是个很难熬的阶段，从事创意工作的人对此应该深有体会。五十多岁堪称人生的巅峰。这个时候的人往往功成名就，成了某个领域的权威。可要是一直在同一个领域耕耘，大多数人都会在这个年龄段陷入瓶颈，导致生产力下降。当事人自己最清楚社会荣誉与自身枯竭的生产力之间的鸿沟，媒体与世人却只看过去的名声，要求他们再接再厉。于是有些人就开始模仿自己。我是个坏心眼的旁观者。在观察前辈的过程中，我能感觉到当事人自己也很痛苦。

为了避免重蹈他们的覆辙，我有意识地转向了新的领域，因为我相信这会带来新的发现和成长。

现在的公司职员基本是四十多岁时定胜负。想当年，五十多岁才是出人头地的高峰期，如今却大大提前，四十多岁就能分出"以后能升到高管的人"和"混不出头的人"。

人生百年渐成现实。正如《百岁人生：长寿时代的生活和工作》（东洋经济新报社，2016/ 中信出版社，2018）的作者琳达·格拉顿所说，长寿时代的后半生很长，所以四五十岁是二次充电、二次投资的好时机。接下来的三十年要做什么，怎么活？四五十岁的人还有足够的精力和体力，切勿错失良机。

认清什么不该做

说来说去，搞清楚自己到底想做什么才是最关键的。许多人对这个问题的回答是"我也不知道"，我却奇怪，活了几十年的人怎么能不知道自己想要什么呢。

这种回答在优等生群体中尤为常见。他们能力出众，哪怕被人布置了自己不喜欢的任务，也能交出平均分以上的答卷。问题就出在这儿——一旦习惯被旁人称赞，在被问及"你想做什么""你喜欢什么"时，就答不上来了。所以我时常提醒东大的学生："平时夸你们的都是谁？肯定是父母和老师吧？但他们必然会走在你们前头。等夸你们的人走光了，你们要怎么办？"在师长去世后仍被其束缚，就称不上"活出了自己的人生"。

有一位东大毕业的职业女性在采访中提到："我的强项是什么呢？想来想去，我发现自己最擅长满足别人的期望,所以我今后也会为满足别人的期望而活。"这番话让我深感痛心。难道她打算像媒体明星那样,对媒体有求必应吗?

以满足旁人期望为己任的人不在少数,女性尤其容易出现这种倾向。因为社会一直在给女性灌输"女人的职责就是让身边的人满意"的观点。女性扮演的往往是"照顾者"的角色,人们普遍认为女性就该对他人有用,不然就没有存在的价值。而且人人似乎都强烈希望成为"被他人需要的人",无论男女。

媒体期望女性扮演的角色之一,就是抨击女性的女性。所以保守派媒体总会为右翼女性知识分子留几个专座。

作家曾野绫子和上坂冬子曾是这个专座的常客。现在则换成了国际政治学家三浦瑠丽和议员杉田水脉。只要《产经新闻》等保守媒体找上门,她们便能揣摩出老头想看什么,甚至说出连老头都不敢说的话,主动踩雷。扮演这种角色的女性在"老头媒体"很有市场,只要专座空着,就必然会出现对其势在必得的女性。但如此迎合期待的后果是什么呢?价值一旦被榨干，就会被弃若敝屣。

还没有定型的年轻知识分子一定要清楚认识到，自己正走在墙头之上，天知道最后会倒向墙内还是墙外。媒体明星面前的路也不都是四平八稳，中途改换路线、趋于保守的男性知识分子不在少数。时常有人让我感叹："这人年轻的时候明明不是这样的。"

我还很年轻的时候，《产经新闻》伸出过橄榄枝，问我要不要做《正论》专栏的主笔。我惊得目瞪口呆，心想"找谁也不能找我啊"，最后当然是拒绝了。可换成别人，也许会高兴得手舞足蹈，毕竟文章上了报纸就能赚到钱，还能获得世人认可。

当年还真有几个研究经费特别丰厚的课题，其中之一便是"讨嫌设施"。这项研究的客户是电力公司。"讨嫌设施"是核电站的委婉说法，说白了就是研究"新建核电站的时候要如何应对本地居民的反对运动""要按什么策略推进建设工程"。另一个赞助多的课题是"个人消费信贷"，为防止坏账而开发在首次面试时识别出高风险客户的系统。对渴望研究经费的年轻研究者而言，这两个课题都非常诱人。如今最具吸引力的,大概是防卫省为研发军用技术提供的研究经费吧。

我熟知市民运动,又是个好奇心很强的人,所以对"讨嫌设施"这一研究课题颇感兴趣,所幸好友极力劝阻,说"你要是跑去做那种研究,我们就跟你绝交",于是我打消了这个念头。要是当年没有及时刹车,怕是会在研究史上留下一大污点。

市场是自己开拓出来的

最理想的状态当然是在没有压力的情况下,随心所欲地做自己想做的工作。

这话我也跟女艺人遥洋子说过。她跟我长吁短叹,说出版《在东大和上野千鹤子学"吵架"》(筑摩书房,2000/筑摩文库,2004/北京联合出版公司,2023)以后,她被贴上"难用"的标签,不太能接到上电视的工作了。

我却说:"你肯定开辟出了新的市场。"事实胜于雄辩,全国各地的教育委员会和女性团体纷纷请她去办讲座。尽管她表示"比起一本正经地讨论那种话题，我更喜欢轻浮花哨的娱乐圈"，但作为一位主张性别平等的女性评论家，她的知名度显然是大大提升。我办讲座的时候，都有观众拿着她的书让我签名呢。我只能告诉人家："对不起啊，这不是我的书，麻烦您找作者签吧。"

想以写作谋生的人也得选择合适的读者和媒体。《月刊 Hanada》和《周刊星期五》[①]的读者群体就完全不一样。如果没有现成的市场，自己想办法开拓新市场就是了。

上野派吵架秘籍

在工作中受气是常有的事。举个例子吧，很多人（男女皆有）会理直气壮地说："不生孩子的女人是不完整的。"每次听到这种话，我都会如此反驳："当爹

[①] 《月刊 Hanada》是政治倾向保守的报刊，《周刊星期五》则多谈论反战、环保、市民运动等话题，以"不依靠广告收入，站在市民立场上做新闻"为目标。

当妈又不是成熟的唯一途径。"其实我很想反问他们，照这个逻辑，生不出孩子的男人岂不是永远都成不了顶天立地的人？

很多人是在网上受到抨击，而我这样的人则是在线下的面对面交流中翻来覆去听到同样的言论。"没生过孩子的女人信不过""你为什么不生孩子"……我曾如此回答："因为大学没教我怎么生孩子。"结果真有个蠢货说"要不我教教你"，我回了句"你就算了吧"。兵来将挡，水来土掩。反正对方也不是真心为你的人生着想，不用把这种人放在眼里，怼就行了。

得让他们认识到乱说话会有怎样的后果，否则这类言论是不会减少的。让他们口出狂言的是无知和迟钝，所以不必当真。"我有过一个孩子……但刚出生就夭折了……"我甚至想过如此回应那些不负责任又缺乏想象力的问题。"吵架秘籍"并不是我主动要学的，而是为了掸去落在头上的火星不得不学。

原先我也经常因为临场发挥不佳而在事后愤愤不平，心想："那家伙真是气死人了！我怎么就没这么怼回去呢！"久而久之，我意识到歧视性言论是有固定套路的。有套路，就意味着可以提前想好对策——"如果他们这样说，我就这样怼回去。"这种预测几乎是百发百中。由于歧视者缺乏想象力，说来说去都是老一套，我甚至会在心里感叹："就不能偶尔来点惊喜嘛！"总之就是在脑子里模拟各种场景，对方这么说，我就这么怼，或者怎么虚晃一枪……真碰上预想过的场景，便摩拳擦掌起来："哟，来了来了，等的就是这句话！"

积累的经验多了，便能应对自如。"上野千鹤子"并非一日之功。我的抗打击能力是在一次次击打中锻炼出来的。要是每天都太太平平的，谁乐意变得抗打击呢？

邪气化作能量

说到底，是怒气让我不甘心被人说得哑口无言，拼命琢磨下一次要如何反击。除了怒气，还有那么一点点邪气。说实话，戏弄老头也挺有意思的。

据说现在的网络世界十分盛行"驳倒",可"驳倒对方"并不等于"让对方信服"。假设佛教徒和基督教徒搞一场教义辩论,一方驳倒了另一方,但被驳倒的那个人的信仰并不会因此动摇。我被称为"日本最会辩论的女人",深知在辩论中不需要赢过对手,只需要赢得听众的心。

所以我们不必给对方致命一击,只要百般戏弄,让听众看到对方的论点漏洞和愚蠢即可。这种做法确实有那么点缺德,但决定胜负的是听众呀。不过,被戏弄的老头必然会心生怨恨。比起当面批评,他们的自尊心更无法接受的是嘲弄,尤其是年轻女性的嘲弄。吃过一次亏以后,那些老头就不会再找我了。

但我不在乎。正所谓天无绝人之路,你们不找我,有的是人找我,还有别的市场在等我呢。

人们常说"男人是理性的,女人是感性的",可我从不认为男人是靠逻辑行事。他们要真那么理性,社会上就不会有那么多的不合理。那么驱动他们的究竟是什么呢?是利益。

女人也不是完全不考虑利益,但相对而言,男人更计较利益得失,一丁点儿利益都能让他们轻易沦陷。政客的行事风格就是铁证。

随着年龄增长,我的邪气越来越少,变得越来越天真无邪。这就是衰老的表现。年轻时,我满怀邪气,觉得戏弄老头有趣极了,如今愈发心平气和。这么活确实会轻松不少,但邪气也能化作人的能量。

PART2
婚 姻

年轻男性已经不敢说"我会守护你一生"这种台词，年轻女性也未必会被这种话打动，搞不好还会犯恶心呢。

"单身贵族"也不慌

如果你问这么些年社会有没有变化，我的回答是"社会确实变了"。单身人群的扩大就是变化之一。结婚率持续下降，终身不婚者逐渐增多。70年代，50岁人群中未婚人士的占比还不到5%（无论男女）。到了2020年，这项数据就变成男性28.3%，女性17.8%。在30岁到39岁的人群中，男性未婚率约为1/3，女性则是1/4左右。这些人日后结婚的可能性很低，十有八九会发展成终身不婚者。

《2022年版男女共同参与白皮书》以数据展示了年轻人恋爱经验的不足。媒体也在大肆报道，越来越多年轻人"既没有配偶也没有恋人""从未谈过恋爱""没有结婚意愿"。在20岁到29岁的男性中,回答"既没有配偶也没有恋人"的多达65.8%,同一年龄段的女性则是51.4%,无论男女都超过了半数。

至于"迄今为止的恋爱次数"和"约会过的人数",20岁到29岁的单身男性中,近四成给出了两个"零"——没谈过恋爱,也没有约过会。

该群体中,表示"不想结婚"或"能不结就不结"的占19.3%,同一年龄段的单身女性则是14%。在30岁到39岁这一年龄段,无论男女都超过了25%。

他们不想结婚的理由是"没有遇到足够喜欢的人"和"想保持自由,不愿被婚姻束缚"。也就是说,他们只会在结婚具有附加价值的情况下进入婚姻。婚姻已然失去吸引力,"结婚成家"也不再是人生规划的前提。都说日本社会的从众压力大,可单身人群已然壮大到"人多势众"的地步。

许多男性"不想结婚的理由"是,"兜里没钱,工作不稳定"。男性的平均初婚年龄是31岁,而30岁到39岁男性的结婚率和年收入呈明显的正相关,步入婚姻的往往是有经济实力的男性。而且男性正式员工的结婚率较高，非正式员工则偏低。这说明成家是有成本的，只有负担得起这种成本的男性才会结婚。

"穷小子和穷姑娘相互扶持"的婚姻并没有增加

听说二十几岁的未婚女性希望结婚对象的年收入有600万日元。问题是，能在三十出头达到这个水平的男人有几个呢？即便有，找到这样的男性也绝非易事。

照理说，年收入300万的男性和年收入300万的女性结婚，家庭收入就能达到600万了，但这样的婚姻却不见增多，这让我百思不得其解。大战刚结束时，大家都穷困潦倒，一无所有，当时反倒有很多穷小子和穷姑娘相互扶持，相依为命。把装橘子的纸板箱倒扣在地上当餐桌，从两副碗筷开始打拼的小两口比比皆是。在我看来，两个非正式员工组建家庭、互帮互助，也是一个很好的选择，在现实生活中却不多见。

有资产的男性总是抢手，尤其是在二婚市场。我采访过一家专门服务二婚群体的婚介机构。他们告诉我，男性会员最看重女方的年龄，一定要找比自己年轻的。莫非他们想找的是床伴和护工？女性会员最先打听的则是男方有多少养老金。她们大概是觉得靠男方的养老金过日子是理所当然，丈夫的养老金是自己的，自己的养老金也是自己的。很多女性将婚姻视为经济合约，于是发展出"后妻业"①这个词。高收入女性和低收入男性的组合似乎也很少，因为精英女性会选择精英男性。

婚后同居能有效降低生活成本，哪怕双方是飞特族，生活质量也会有所提升。大家怎么就不愿意呢？

社会学家通过调查发现，无论男女都是婚姻观越保守，结婚率就越低。保守的婚姻观就是婚后理应男人工作养家，女人做家务带孩子。所以收入低的男性会认为自己养不起老婆孩子，无法结婚，女性也不愿意跟收入低的男性结婚。

我大感不解：为什么大家不能抛弃保守的婚姻观，选择互帮互助的活法呢？各有短板的男女完全可

---

① 针对老年资产家的婚姻诈骗，目的是继承其财产。

以互相认可，互相扶持啊？反正自己也有很多缺点，双方相互补足，破锅配破盖不是很好吗？

结婚还会牵涉住房问题。为了早日搬出父母家独立生活，欧美的年轻人往往会选择与恋人同居。同居就会有性生活，有性生活就有可能怀孕。正是事实婚姻下的非婚生子女推高了西欧国家的出生率。而且非婚生子女在当地不受歧视，女性生育时不会有心理负担。但在日本，婚姻是生育的前提，因此结婚率下降会直接导致出生率下降。

部分独生子女无法忍受与他人生活在同一屋檐下，许是少子化的大环境所致。各家有各家的文化也是理所当然，在与他人共同生活的过程中找到平衡点就是了，可有些独生子女从小就有自己的房间，长大之后则是刚结婚就跟配偶分房住。这样势必会降低性生活的频率，进而拉低出生率。

全职主妇的消亡

婚姻下的夫妻关系也发生了不小变化。

八十年代，单职工家庭还是绝大多数。然而在1997年，双职工家庭的数量首次超过单职工家庭。自那时起，夫妻双薪的占比持续上升。

今时今日，有全职主妇的家庭反倒成了少数派。2021年的统计数据显示，单职工家庭只占23.1%。据说有越来越多20多岁的女性希望成为全职主妇，可惜她们的愿望几乎是不可能实现的。因为丈夫的收入总涨不上去，没有妻子的那份收入，日子就过不下去了。丈夫一人赚钱养家的时代已经一去不复返。

不知大家有没有听说过劳动经济学领域的"道格拉斯－有泽法则"——在日本社会中，女性学历越高，结婚后成为全职主妇的概率就越高。由于高学历女性往往会和同样高学历的男性结婚，丈夫的收入与妻子的就业率呈负相关。然而，这条法则只适用于八十年代之前的日本。自八十年代起，各收入阶层的妻子就业率都在上升，丈夫收入与妻子就业率之间的相关性逐渐消失了。全职主妇曾是富裕的象征，让无数女性心生向往。现如今，妻子的就业率却呈现出"两头低"的态势（收入最高和最低的群体较低），所谓的

"贫困全职主妇"登上了历史舞台。

不过,正如我在第一章提到的那样,妻子的就业有两种类型,即"全职就业"和"补贴家用的非正式就业",与丈夫收入相当的妻子并不多。她们之中有一小部分年收入超过一千万日元的,人称职场女强人。她们的丈夫也很会赚钱,催生出了家庭年收入轻松突破两千万日元的高收入夫妻。

男性对结婚对象的要求也有所改变。除了外貌和家务能力,赚钱能力也成了关键的考量因素。其实早在十多年前的欧美,赚钱能力就排在男性对配偶要求的前列。个人之间的收入差距已经很大,结了婚岂不是还得翻个倍?

穷还不出去工作?

若按丈夫的收入阶层划分,妻子就业率最低的其实是年收入不到一百万日元的家庭——嗯?为什么?

仔细观察那些不工作的女性,就不难发现她们大多学历偏低,缺乏社会技能,有生理或心理层面的健康问题。生活基础的脆弱，导致她们对男性高度依赖。

另一方面的原因是，她们的母亲也是如此。母亲依赖男性，受尽拳打脚踢也不愿离开，这种依赖很可能出现代际传递。

丈夫因家暴日渐霸道，就会导致家庭环境封闭，使妻子陷入孤立。她们往往不知道该向谁求助，不了解求助的途径。有技能和工作意愿的人还能鼓起勇气自己工作赚钱，可她们中的大多数压根儿就没有机会学习技能，工作意愿也被消磨殆尽。

周燕飞在其《贫困全职主妇》（新潮选书，2019）一书中探讨了这个问题。"贫困全职主妇"特指家庭年收入低于三百万日元的主妇。"想专心带孩子"是她们不外出工作的首要理由。她们并没有生理或心理上的健康问题，而是对"送孩子去托儿所"抱有抵触情绪。男主外女主内的传统性别角色分工意识似乎在贫困阶层的男女心中更为根深蒂固。

将女性困在低收入状态的第3号被保险人制度

已婚女性的就业率确实有所上升,但她们并没有赚到足以维持家庭开支的收入。如前所述,她们大多从事着工资微薄的非正式工作,难以挣脱贫困。

《2022年版男女共同参与白皮书》解开了"已婚女性为何长期从事低薪工作"之谜。原因就出在带有浓重昭和色彩的税收制度与社会保障制度上。《白皮书》的作者是林伴子,一位优秀的女性官员。

日本的各项社会制度都建立在"男主外,女主内"的昭和式标准家庭模型之上,并维持了近四十年之久。发布上述《白皮书》时,当时的男女共同参与担当大臣野田圣子在记者招待会上表示"昭和已经是过去式"。言外之意,昭和式税收制度和社会保障制度已经跟时代脱节。

昭和式制度包括一系列针对工薪族的无业妻子的制度,如1961年(昭和三十六年)设立的配偶税收扣除、1985年(昭和六十年)推出的第3号被保险人制度,以及1987年(昭和六十二年)的配偶特别扣除等，人称"全职主妇优待制度"。配偶扣除是对"贤内助"的奖励，第3号被保险人制度是针对儿媳（即将到来的老龄化社会的照护主力）的贡献给出的报酬，配偶特别扣除则是照顾那些补贴家用型兼职就业已成常态的已婚女性。总而言之，这些制度都是基于昭和式家庭模型（男性工薪族顶梁柱+全职主妇）设计的。

都说这些制度是优待全职主妇，果真如此吗？

顾名思义，医疗保险、失业保险和养老保险都属于保险的范畴，缴纳了保费才能受益。国民年金①的第1号被保险人是个体户及其家属，第2号被保险人是雇员，新增的第3号被保险人则是雇员的无业配偶。哪怕你没有工作、没有收入，不缴纳保费，就无法成为国民年金的被保险人。学生和失业者可以视情况延期缴纳，但大原则终究是：现在不交钱，将来就没有领取资格。

---

① 国民年金，日本全民强制性的基础养老保险，20岁到60岁的人士都必须缴纳，2025年4月至2026年3月月度缴纳金额为17510日元，65岁开始领取。

然而，如果你是第 2 号被保险人的受抚养配偶，而且是年收入低于 130 万日元的"准全职主妇"，就能享受"无须缴纳保费也能领取基本养老金"的特权。免去的保费是全体有工作的男男女女补上的，因此这项制度出台时，广大职业女性怨声载道——"我们也没少干家里的活，凭什么让我们负担全职主妇的保费？"

除了上面提到的 130 万日元壁垒，还有针对配偶扣除的 103 万日元壁垒（2018 年上调至 150 万日元）和关系到社保的 106 万日元壁垒。某些企业甚至会给收入低于某个数额的员工配偶发放家属津贴。

为免撞上这些"壁垒"，已婚女性必须将月收入控制在 10 万日元左右。这等于是在逼她们从事非正式工作。

一旦超过制度设定的那条线，已婚女性就会失去被扶养者的身份，所有的社保费用（包括养老保险和医疗保险）都必须从她们自己的收入里扣，增加的收入还不足以负担多出来的各项保费。不想吃亏，就必须赚到 170 万日元以上的收入，可这必然意味着工作时间的增加。既要工作，又要做家务、带孩子的女性自然不乐意跨越这些壁垒。有些丈夫也不支持妻子多赚钱。于是她们主动选择了非正式工作，并刻意控制工作时间，以免收入超出130万或103万日元。

这项制度的潜台词就是"女性少赚点也无妨"。上层通过制定这样的制度避免女性"过度"工作，好让她们继续承担家务和育儿的重任，并引导她们打消努力获得更多收入的念头。

许多能力出众的兼职女性会果断拒绝用人单位的转正提议。因为在制度的引导下，她们认为不跨越"壁垒"对自己更有利。弱势的非正式就业就这样被包装成了"个人的选择和责任"，形成恶性循环。

全职主妇优待政策造福的并非主妇本人

名不副实的"全职主妇优待政策"造福的究竟是谁呢？

首先是原本需要自掏腰包为妻子缴纳养老保险的丈夫，他们省了一大笔钱。

其次是雇佣兼职主妇的雇主。兼职主妇是被扶养者，可以使用丈夫的医保，所以雇主无须支付本应由雇主和雇员平摊的保费。

为避免超出收入限制，她们还会主动控制工作时间，收入微薄却任劳任怨，雇主自然也能占到便宜。

由此可见，通过这一系列制度受益的，主要是全职主妇的丈夫和兼职主妇的雇主——大多是男性。

正是这些制度抑制了女性就业。哪怕是双职工家庭，妻子做的也是补贴家用型的非正式工作，收入微薄。如果说以往的性别角色分工是丈夫外出工作，妻子负责家务育儿，那么现在的新式性别角色分工就是，丈夫专心工作，妻子不仅要跟以前一样独自操持家务和丧偶式育儿，还要做兼职补贴家用。妻子在外有偿劳动和在家无偿劳动的总劳动时间就此增加，负担显著变重。

《白皮书》中有这样一段话：

> 税收、社保、企业的配偶津贴等各项制度和惯例，可能是导致女性成为全职主妇或止步于补

贴家用型就业的原因之一。

我不由得想,作者真正想写的搞不好是"主要原因",而非"原因之一"。

近年来,夫妻不同姓①、刑法修正案②、放宽对紧急避孕药的限制③等性别议题渐成国家政治层面的争议焦点,"性别议题不与选票挂钩"显然成了老皇历。还记得2021年秋季众议院选举期间,各党派党首齐聚一堂,在被问及"是否支持夫妻不同姓"时,只有自民党党首、时任首相岸田文雄没有举手,极具象征意义。

夫妻不同姓确实是一个重要的性别议题,但税收和社会保障制度层面的结构性性别课题的改革远比这

---

① 日本现行民法规定,婚后男女其中一方必须改姓。夫妻不同姓制度则主张,如果夫妻双方自愿,婚后可以使用婚前各自的姓氏。引入该制度的讨论已持续多年,但立法进展缓慢。
② 2017年,日本刑法进行了一百一十年来的首次大修,修改了"强奸罪"的相关条款,强奸罪罪名改为"强制性交等犯罪",适用对象(受害者)由原来的"仅限女性"改为"包括男性在内"。另外删除起诉强奸和强制猥亵等时,必须由受害人亲自提出诉讼的"亲告罪"规定,减少了性犯罪受害者的心理负扣,使告发和起诉性犯罪变得容易。
③ 放宽限制前,购买紧急避孕药需要妇产科医师的处方,性犯罪的受害者也无法轻易获取。

种象征性改革重要。年轻女性可能没什么概念，我却认为这是日本性别议题的重中之重。

近期，国会终于讨论起了改革昭和式税收制度和社会保障制度的必要性，但这并非女性群体的要求所致。最主要的原因是，由于劳动力短缺，最低工资不断提高，女性非正式员工不得不进一步压缩工作时间，以至于雇主不得不发声。

然而，由于制度催生出了既得利益群体，改革的门槛怕是不低。

女性低收入是制度引导的结果

女性收入偏低导致的结果就是上了年纪以后领取的养老金也偏低。一旦离婚，陷入贫困就是大概率事件。女性的贫困率在60岁到69岁这一年龄段显著上升的原因，正是丧偶和离婚的增加。此外，非正式女性员工的就业难度和租房难度会随着年龄增长而上升。2008年政府出台离婚时养老金分割制度时，我们这些研究者还以为"熟年离婚"会因此增加，于是密切关注相关数据,实际增长却小得可以忽略不计。原因在于,根据养老金分割制度,即使婚龄高达50年,离婚后妻子最多也只能分到丈夫养老金的一半,而在丈夫死后以妻子身份领取的遗属年金则有四分之三,这显然是更合算的选择。在遗产继承方面也是如此,妻子和子女对半分,而且妻子享有现有房屋的居住权。总而言之,日本的法律和制度是大力保障"妻权"的,所以比起熟年离婚,许多女性会选择再多熬几年。在我看来,这些制度看似是对妻子的优待,实则是为了保障有人给丈夫养老送终。

把养老甩给家庭,政府什么都不用做了

第3号被保险人制度提上议程时,全国妇女税务师联盟(1995年改名为全国女性税务师联盟)带头反对。据说联盟会长远藤美智向大藏省递交抗议信时,接待她的官员如此反问:"那谁来照顾老人家呢?"这就叫不打自招吧。

那个年代的日本正要步入老龄社会,照顾老人是

儿媳的职责。中曾根内阁宣称家庭是社会福利的隐形资产，倡导"日式福利社会"。反正日本有堪称世界"典范"的家庭制度，把养老问题甩给各个家庭就是了——政府企图省下一大笔社保开支。配偶扣除是对贤内助的奖励，第3号被保险人制度犒劳的是照顾老年人的儿媳。

当时还出了一件让人大跌眼镜的事情：日本大学人口问题研究所绘制的日本列岛照护资源地图，竟标出了各县40岁到49岁已婚无业女性在总人口中的占比。换句话说，这些女性被自动算作了照护主力军。在国际学术会议上堂而皇之地发布这样的"数据"，直教人哑口无言。

要知道，八十年代是性革命席卷全球、离婚率飙升的时代。美国每两对夫妻就有一对离婚，欧洲的离婚率也激增至三分之一。日本的离婚率却没有像其他国家那样上升，于是政客口出狂言，说日本拥有稳定的家庭制度。但随着时间的推移，日本的离婚率也是稳步攀升，如今30岁到39岁的离婚率已直逼欧美，每三对夫妻、就有一对以离婚收场。

赚得跟男人一样多就行了？

有些人想得很简单：既然把女性和低收入工作捆绑在一起是不对的，那让她们赚得跟男人一样多不就行了？如此一来，女性就能和男性平起平坐了。

跟大家分享一则事例吧。女性杂志的当红模特牧野纱弥为了实现夫妻不同姓，在和家人协商后决定"纸面离婚"——办了离婚手续，但不离家。事业刚起步的时候，她为了外出工作，让丈夫照看一下孩子，丈夫却说"我挣得比你多"，噎得她不敢再多说什么。后来，她成为当红超模，为保留婚前的姓氏，选择了纸面离婚。

我问她："如果你的收入没有那么高，是不是就不会提离婚了？"她的回答是——"是的，您说得没错。"

妻子能否掌握谈判的主动权，是否取决于她的赚钱能力呢？从某种角度看，她是在用自己的行动告诉孩子：即便是在家庭内部，谁赚得多，谁就能拥有发言权，钱就是权力的工具。

研究结果显示，男性自我效能感的头号来源就是赚钱能力。他们定义的男子汉气概建立在金钱之上。多么简单明了的生物啊。有钱就这么了不起吗？

"吃香的不是你的人格，而是你的钱包"——一位在银座夜店备受追捧的男性作家在被这样点评之后如此回答："钱包的厚度也是男人魅力的一部分。"堀江贵文[①]也说过"女人是追着男人的钱跑的"。人们常说，男人无法抵挡金钱和权力，女人则对有钱有势的男人毫无抵抗力。

"你吃我的喝我的"是男人让女人闭嘴的撒手锏。要是女人一咬牙一跺脚，说"咱们走着瞧"，开始自己赚钱，男人又会改口道"等你赚得比我多了再说"。

比男人赚得多的顶梁柱妻子也开始反省了。出过散文集的明星小岛庆子就说过："不知不觉中，我也开始对丈夫说那种话了。"无论男女，都会下意识地认为"赚得多的更了不起"。

如果丈夫用"等你赚得和我一样多了再说"堵你

[①] 堀江贵文（1972— ），日本著名IT企业家，因长得像哆啦A梦被称为"堀江A梦"。少年得志后行事高调，宣扬金钱万能，爆出无数桃色新闻。

的嘴,你大可如此回击:"我赚得没你多,不是因为我能力不如你,而是因为社会结构让男人占了优势。"女性要是中了男性的激将法,发誓"非要赚得和你一样多不可",恐怕得付出两三倍的工作量才能如愿。如此不合理的竞争只会让女性愈发走投无路。

我有位朋友曾就这点反复质问丈夫,把人逼到了墙角,最后逼出一句"别怪我啊,又不是我的错"。

这话没错,确实怪不到他头上。男人赚得多是社会结构所致,他个人对此没有责任。但男性群体确实从这种结构中获益了。

朋友百般追问,总算逼出了这么一句话。许多夫妻从未有过这样的极限对抗。既然原因在于结构,占便宜的一方理应做出让步。看到这里,大家应该都能意识到:当夫妻之间的收入存在差距时,平摊家庭支出就是完全不公平的。

动真格的交锋会让男人有所改变

我很尊敬的一位年轻朋友在自愿生下孩子后,在家闭关带了三个月的娃。一天早上,她在丈夫临出门时一把抱住他的腿,大喊:"别走啊!你要逼死我们母子吗!"

遇到这种情况,很多丈夫会说:"我还得上班呢,晚上回来再说吧。"有些丈夫则说:"你现在太激动了,静一静再说。"

可丈夫要真是这个反应,夫妻关系就会立刻分崩离析。因为妻子会觉得"你连我拼尽全力的嘶吼都听不到"。我的那位朋友死死相逼,说"性命攸关,你别想逃"。

朋友的丈夫没有逃避,请了假和妻子促膝长谈。得出的结论是,问题的根源在于高负荷的工作让他无法参与育儿。于是丈夫跳槽了。朋友哈哈大笑着告诉我:"虽然工资少了点,但夫妻关系好多了。"我觉得夫妻间的谈判就该这样。你们深度参与了对方的人生,还一起生儿育女,岂能让男方逃避真刀真枪的较量。这个层面的谈判力是不和收入挂钩的。

我的一位学生在三十多岁刚生下孩子时连连感叹:"我对丈夫已经不抱任何期望。他什么忙也不帮,说了也不听。这段关系已经走到头了。"我问她："那你打算维持这段已经走到头的关系吗？你还会向这么一个男人张开双腿吗？"妻子真能忍气吞声和这样的丈夫上床，老了还在病床前伺候吗？可别把夫妻关系想得太简单了。

当时她一把鼻涕一把泪地走了。听说她后来跟丈夫认真严肃地谈了谈。下一次见到她时，二胎都生好了，看来丈夫是付出了努力的。

也许那些不愿直面男人的女人是不够爱吧。"我是真心想继续跟你走下去，所以想好好跟你谈一谈"——何不来一场动真格的交锋呢？

我有位男性熟人说自己婚后规规矩矩，从没出过轨。我边听边在心里嘀咕：男人的嘴，骗人的鬼，脑子进水了才会信你。谁知他告诉我："我要是在外面乱搞，老婆就会立刻收拾东西搬出去，一天都不会耽搁。我知道她不是说说而已，所以不敢拈花惹草。"

他的妻子就是全职主妇，却也能把丈夫逼到这个地步。可见谈判靠的不是财力，关键在于你能拿出多少真心与对方正面交锋。这样的夫妻关系也能为子女树立榜样。

想做一个通情达理的女人，说白了就是想避免冲突。我想劝大家一句："别把人生想得太简单了。"想成为在别人眼中有价值的人，正说明你把认可寄托在第三者身上。不要依靠他人获得自我认可，自己的价值就该由自己创造呀。

家庭内离婚是夫妻关系的常态？

我总会如此提醒刚结婚的年轻丈夫："现在的你大概还不明白初为人母的女人有多么手忙脚乱。如果妻子在那个时候向你求助，你却拒绝了，就得做好被她记恨一辈子的思想准备。"因为在这个紧要关头见死不救，是绝对不会被原谅的，男人却认识不到问题的严重性。日积月累的怒火岩浆会在晚年集中爆发。妻子会不停地翻旧账，念叨："都怪你那个时候……"男人想用"那都是多少年前的事了"搪塞过去也是徒劳。

如果丈夫在那个关键时期出轨，那就更要命了。大着肚子的妻子要是在丈夫口袋里翻出风俗店的卡片，后果不堪设想，七老八十了还翻出来埋怨是必然的结局。

即便没走到离婚这一步，许多夫妻也会陷入无性婚姻。

有人说过一句颇为精辟的话："还好没有性生活，家庭内离婚就行了。"如果男方在这个状态下强迫女方，女方肯定忍不下去，要么干脆分居，要么走向离婚。正因为男方不强迫女方过性生活（无性婚姻），家庭内部才能和平共处。

问题是，这种状态必然会影响到日后的照护。谁愿意给一个跟自己没有亲密接触和性生活的男人伺候屎尿呢？

每每有人聊起家庭内离婚，我都会说这么一番话："孩子都看着呢。他们会从你们身上学到'夫妻关系就该是这样'。你觉得这样真的没问题吗？你还好意思劝子女结婚吗？"孩子会通过父母的相处模式学习何为夫妻关系。不论是夫妻关系还是亲子关系，认定"反正就是这么回事"，不再做任何努力，都无异于藐视人生。

被妻儿抛弃的男人

随着离婚率的上升,被妻子抛弃的男人与日俱增。因为女性不再忍气吞声。原本有家的男人被抛弃后会怎样?前职业棒球手清原和博就是一个典型。曾经叱咤风云的英雄因染上毒瘾身败名裂,妻离子散。没了家的男人必然结局惨淡。

后来他的前妻发展得不错,可见对她而言,离婚是一个正确的选择。女性能够为了孩子继续前行。而男人一旦被妻儿抛弃,就会变得孤立无援。

离婚时,大人会问孩子想跟爸爸还是妈妈,可几乎没有孩子会选择父亲。因为父亲没有在此前的生活中与孩子建立起信任关系。近年来,离了婚的父亲呼吁政府在法律层面确立共同监护制度,可是那些在婚姻存续期间没有尽到父亲职责的男人,又有什么资格要求共同监护权呢?

大家不妨问问四十多岁的父亲(家里孩子正值青春期):知道孩子的好朋友叫什么吗?能报出至少三个名字吗?妈妈能随口报出一大串,爸爸大多答不上来。这说明他们对孩子的生活毫不了解，漠不关心。

跟正面临升学选择的高中生交流时，我问他们会跟爸爸商量，还是跟妈妈商量。回答"跟爸爸商量"的几乎没有。于是我接着问："对你来说，妈妈是值得信赖的咨询对象，但你跟爸爸之间不存在这种关系，是吗？"大多数孩子都回答"是的"。也许父亲是负责掏钱的那个人，但在面临人生的关键抉择时，孩子不会找父亲出主意。因为孩子都长这么大了，却没有和父亲建立起这种信任关系。

专门研究"儿子如何照护父母"的平山亮称，儿子居家照护的对象基本都是母亲，不太有父亲。当然，女性的寿命更长，所以母亲后走的概率更高，"母亲先走，留下父亲"的情况肯定也有，儿子居家照护父亲的情况却很少见。

亲情是驱动儿子照护母亲的关键因素。之所以选择居家照护，是因为儿子不愿把母亲送进养老院。可要是母亲先走一步，儿子就更倾向于把父亲送去机构。这就是把育儿重任甩给妻子的"回旋镖"。

不想参与育儿的父亲

少子化的首要原因确实是结婚率的下降,但婚内生育率也一直在跌。今时今日,鼓励生育政策的关键在于如何让已婚夫妇生二胎。因为调查结果显示,现在每四对新婚夫妇中就有一对是奉子成婚,结了婚至少生一个是普遍现象,但生二胎的门槛很高。要维持目前的人口规模,就需要让女性生育两个或更多的孩子,但越来越多的女性在"二胎壁垒"跟前驻足不前。想要两个或更多孩子的女性其实很多,但实际出生的孩子却没到这个水平。因此,找到阻碍女性生二胎的原因并对症下药,就成了鼓励生育政策的重中之重。与"女性是否生二胎"挂钩的因素有很多,包括住房面积、工作方式、收入等等,其中,生一胎时"丈夫休假期间的家务和育儿时间"尤为关键。如果丈夫在育儿方面提供了很多支持,女性就愿意生二胎,多么合情合理。

从这个角度看,最有效的鼓励生育政策就是促进男性参与育儿,其中的关键环节就是提高男性的育儿假使用率。在有资格休育儿假的女性群体中，育儿假的使用率已经超过八成，同等有资格的男性的使用率却低得可以忽略不计，长期徘徊在个位数，2022年好不容易上升到17%。然而，这个数字包括了几天到一个月不等的短假。近年来，由于相关法律出台，企业必须确认员工是否有意请育儿假。自民党内也成立了旨在推进"强制男性休育儿假"的议员联盟。

即便是在商社和一流日企，三十岁以下男性员工的家庭的双职工率也在上升。可以看到的一个变化是，这批男性员工的育儿假使用率在逐步提升。很多男性是一胎的时候没请育儿假，二胎的时候请了，想必是对当年的态度做了一些反思。

长久以来，家庭维系全靠女性的"丧偶式"操持，但随着双职工率的提升和妻子赚钱能力的增强，妻子对丈夫的谈判力明显变强了。与此同时，男性对家庭和子女的感情也在加深。听到丈夫说"我会帮你带孩子"的时候，年轻的妻子会大发雷霆——"帮？"难道你觉得带孩子不是自己的分内事吗？

丧偶式育儿（ワンオペ育児）一词的出现让我感

动不已。ワンオペ①原本是个针对深夜便利店与照护第一线的职场术语，强调一人忙里忙外的负担和压力，包含了"本不该出现这种情况"的价值判断。

简简单单五个字，却充分体现出了女性的怨气，传达出"这日子没法过了"的弦外之音。谁说女性理应独自承担家务和育儿？凭什么？——正因为价值观出现了这样的转变，"丧偶式育儿"一词才会登上历史舞台。

这个词的普及也让人们对独自带孩子的艰难有了更深刻的理解。前首相岸田文雄因提议"在政策上鼓励大家在休育儿假时学习进修"被喷上热搜，问题就在于，育儿假根本就不是传统意义上的休假，都忙得天旋地转了，哪还有精力进修。岸田说得出那种话，足以证明他对育儿的辛劳一无所知。所以网友怒气冲天，痛骂"你行你上啊"。多亏了"丧偶式育儿"这个词的出现，人们终于认识到妻子的育儿负担。

调查显示，陪产或请育儿假的父亲能与孩子建立

---

① 日式英语 One Operation，直译为"单人操作"。

起良好的亲子关系。年轻的父亲缺乏榜样，因为他们的父亲几乎没有参与育儿。不过，哪怕会影响工作也要参与家庭事务的年轻父亲是越来越多了（暂且不论他们是迫于妻子的压力还是自愿主动）。从这个意义上讲，不光男女之间存在差距，男性群体内部的代际差距也在不断扩大。

不愿丈夫退出竞争的妻子

但也有数据显示，女性对"男性参与育儿"的支持率低于男性。想要参与育儿的男性确实在增加，女性却不欢迎，这可能是因为"奶爸"往往被视为"退出竞争的男性"。听说某些企业确实会给申请了育儿假的男性员工的绩效考评打低分。

看来很多女性并不希望丈夫退出竞争。尤其是精英女性，她们希望丈夫和孩子都是精英。

这些女性无法容忍丈夫不是精英，因为被精英男性选中正是她们的价值所在，她们的自尊不容许丈夫退出精英圈。所以就算你建议"你想拼事业的话，不如找个愿意当家庭煮夫的男人",她们也听不进去。

精英女性选择跟精英男性结婚,认为他们才是配得上自己的丈夫。她们完全不希望丈夫退出升职大战。而且她们也很了解男人的工作方式,对丈夫的工作性质有充分的理解和共情,所以不会要求丈夫分担家务和育儿的责任。越是"能干"的女性,就越是容易自愿承担多重负担,主动迈入泥沼。

不会指望,也不能指望丈夫参与家务和育儿,郁闷和怨气却在不断膨胀。这就是精英女性的两难困境。

现代版全职主妇优先自我而非家庭

《2023年版男女共同参与白皮书》统计了未婚男女(15至34岁)的理想生活方式。位居榜首的是生育后继续工作的"兼顾路线",34%的女性投给了这个选项,还有39.4%的男性"希望未来配偶选择这一路线"。曾经最受青睐的"再就业路线"(生育后中断事业,一段时间后回归职场)风光不再。想必是因为人们逐渐意识到离职后再就业有多困难,会吃多大的亏。

有趣的是，希望未来配偶选择兼顾路线的男性比自己想走这条路的女性略多一点。这可能是因为他们切实感受到妻子赚钱能力对家庭财务的影响。据说德仁天皇向皇后雅子求婚时曾说过"我将竭尽一生全力保护你"，但他没能实现自己的承诺。进入皇室后，雅子遭到多方抨击，患上了适应障碍。现在的年轻男性已经不敢说"我会守护你一生"这种台词，年轻女性也未必会被这种话打动，搞不好还会犯恶心呢。

得票率同样下降的还有"全职主妇路线"。只有13.8%的女性和6.8%的男性投给了这一选项，差了几乎一倍。如此之大的性别差异可能是因为，男性已经认识到单靠自己难以撑起一个家。有些人认为，女性想当全职主妇是回归保守价值观的体现，我却不敢苟同。她们倒也不是想相夫教子，对全职主妇的向往其实是优先自我的价值观所致，是因为"想要退出竞争，过悠闲轻松的日子"。我并不认为她们会把丈夫和孩子放在第一位。

在生活压力巨大、竞争极度严苛的大环境下，誓要跟男性一争高下的女性肯定是少数派，必然会有一些人希望退出竞争，不论男女。但男性退出竞争是和失败画等号，想退都退不了。女性却能用性别术语来粉饰自己的心境。

在我看来，她们所谓"想当全职主妇"是优先自我利益，而不是真想把下半辈子奉献给丈夫和孩子。

为何父母常说"婚可以不结，但孩子一定要生"

据说现在的父母都不太催婚了，但母亲常对年轻的女儿念叨，"婚可以不结，但好歹生个孩子"。母亲能切实感受到周围离婚的人越来越多，结婚不再是一辈子的事情，单亲妈妈也不罕见了。要是老公只会添堵，那不如没有的好。女儿在职场打拼的时候，外婆也能帮忙带带孩子。

如果你的母亲三天两头催婚，你大可反问一句："妈妈，对你自己来说，婚姻真的是个好东西吗？"如果母亲自己婚姻不幸，却还是不断催婚，那就说明她只是在要求女儿随大流。母亲明知女性会在成为母亲之后面临所谓的生育惩罚，处处吃亏，可还是盼着女儿生个孩子。这也许是因为在她们自己的人生中，生育是一段无可替代、引以为傲的经历。从某种角度看，也确实是孩子支撑着她们走到了今天。所以她们催生也不光是为了抱孙子孙女，更多的是因为孩子曾是她们的精神支柱，赋予了她们活下去的意义，于是希望女儿也能有同样的体验。不过，作为一个没有孩子的人，我会忍不住在心里嘀咕：别把孩子用作自己活下去的理由。

碰到苦于母亲催生的年轻女性，我都会建议她们问一问母亲"你觉得生育是一段怎样的经历"。如果母亲能够坚定地说出"生孩子是无比美好的，我希望你也能体验一下"，真诚地传达出"我很庆幸当年生了你，你让我的人生变得更加丰富多彩了"，女儿说不定还能听进去。

PART3
教 育

我想告诉孩子们,"受不了就跑,没关系的,无论你在哪里做什么,只要好好活着就行。"

"不想变成我妈那样"的女校毕业生

2019年我在东京大学入学典礼上作为嘉宾致辞后,在十几岁孩子中的知名度显著提升,因为老师纷纷在课堂上播放演讲视频,或是让学生阅读讲稿。重点女校的老师最为积极。

现如今,全国各地高中都在大搞SDGs(可持续发展目标),而重点女校对"性别平等"尤为上心。"培养贤妻良母"早已被扫出女校的办学理念。由于女校不存在性别角色分工,女生能在校内充分发挥领导才能,担任学生会长或社团一把手等。而且女校隔绝了异性的目光,所以女生没有机会去培养媚男的"女性魅力"。有些女生在小学或初中阶段遭到男生欺凌，因为害怕男生选择了女校，而女校为她们提供了安心的成长环境。关于女校利弊的争论可谓旷日持久，但是从现状来看，女校对女性确实具有积极的价值。

问题是，在相对封闭的女子高中、女子大学自在成长的女生总有一天要走出高墙。届时她们将要面对旧态依然的男权社会，也许会受到巨大的文化冲击。不过我也很期待这一天的到来。因为沁入她们心脾的女校文化，也许会有改变社会的力量。

那男校呢？

社会学家江原由美子在九十年代末对高中生的性别意识开展了一项调查。她将受访者分成了男校的男生、女校的女生、男女同校的男生和男女同校的女生。结果显示，性别意识最为保守的是男校的男生。当被问及是否赞成男主外女主内时，79.5%的男校男生选了"赞成"或"比较赞成"。

与之形成鲜明对比的则是女校的女生。男女同校的男生和女生居中，且男女之间差别不大。女校的女生有强烈的工作意愿。她们的母亲是就业率最低的那些女性，不难推测其家庭经济条件较好，但母亲的活法和女儿的志向完全相反。由此可见，女校的女生"不想变成我妈那样"，她们的母亲也希望"女儿不要走我的老路"。

"照着亲妈找老婆"的男校毕业生

男校男生的母亲就业率也很低，这说明他们同样来自经济阶层较高的家庭。他们不希望妻子出去上班，又不乐意做家务带孩子。他们莫非是觉得，自己能复制父亲的成功，找到像母亲那样尽心尽力伺候自己的妻子吗？

这项调查是二十多年前开展的，当年的高中生应该已经当上企业的中层领导。他们是否依然打着"照顾"的旗号，大搞性别歧视和无意识偏见，继续按性别分配岗位，致力于男性圈子的企业文化再生产呢？

今天的女校女生和男校男生呢？前者的工作意愿是不是更强了？后者是不是还抓着保守的性别意识不放？

跟某重点男校的学生交流时,我问一个没谈过恋爱的男生:"长大了想结婚吗?"他说"想"。于是我又问:"那你打算怎么找对象呀?"他怀着毫无依据的自信回答道:"只要我想找,随时都能找到。"

那所男校是日本首屈一指的名校,大部分学生的去向是第一流的大学与医学院。看来他们都觉得:"小爷我可是人中龙凤,怎么可能不吃香呢。"

他们理想中的妻子就是像母亲那样为自己鞍前马后的女人。他们认为自己能跟父亲一样,得到妻子的无私奉献。他们看着这样的母亲长大,于是毫无根据地确信自己也会遇到跟母亲一样的女人。然而,本该成为他们配偶的那代女生的观念已经变了,她们恐怕是不会选择他们的。

所以我会提醒他们:"你们已经没法像自己父母那样过日子了。"昭和式的"父亲一人养家"模式已经一去不复返。工资随工龄自动上涨的论资排辈制日式雇佣制度将难以维系,届时必然需要夫妻二人共同负担家庭开支和家务育儿。因此父母的生活方式已无法再为他们提供参考。

综上所述，同一代男女的性别观念存在很大的差距。这些男校的男生几乎没有与女生交往的经验，我很担心当他们与同龄女性相遇时会出现怎样的错位。

源于男性幻想的骚扰

对一切现象做出有利于自己的诠释，是男子汉气概的看家本领之一。所以男性才会把性骚扰定性为"恋爱"，非说"她都没有拒绝，肯定是对我有意思"，还会把女性的礼节性微笑错当成针对自己的特殊待遇。加害者说"明明是你情我愿"，受害者却说"我是被逼无奈"，这种认知差距在性骚扰中体现得尤为明显。

东京大学开设的骚扰咨询处也收获了意料之外的反响。在设计制度时，校方重点关注的是男性教职工和女性本科生或研究生之间的关系，毕竟双方之间存在权力的不对等。谁知咨询处开张后，竟有大批女生投诉男生跟踪纠缠自己，以至于校方不得不另外成立一个打击跟踪狂的委员会。这让我不由得感叹："嗯，这很东大。"

那些纠缠女生的男生几乎都没有恋爱经验。"她怎么可能不选我？不选我就是瞧不起我！"——在这种误会的作用下，他们逐渐升级为跟踪狂。这些男生往往会认定心仪的女生对自己有意思，生出种种幻想。"她肯定是喜欢我的，只是太害羞了，所以才一直躲着我！""肯定是有人从中作梗！"……怎么顺心，就怎么解释。

被纠缠的女生怕得不敢踏进校园，严重影响研究和学习。如何保障女生在校园内的安全成了一大难题。有时校方甚至需要发布禁令，不许涉事男生入校。

有些年长的男性也是如此。餐馆的年轻女服务员微微一笑，他们就误以为"那姑娘对我有意思，是笑给我看的"。这种人坚信世界围着自己转。

家暴男普遍认为家中的所有事务都该以自己为中心，所有人都该把他放在第一位。这一点得不到满足，他们就会诉诸暴力。他们认为家人理应以他为天，照顾他的情绪，按他的意愿行事。稍有不如意，他们就会滔滔不绝地说教，甚至拳打脚踢。

约会暴力的专家指出，有些十几岁的男生也会出现这种倾向。对女友施暴的男人常说"不许跟别的男人说话"，还会要求女友"拍个照发过来，让我看看你在哪儿"。不难想象，他们认为自己有权限制女友的人身自由，坚信女友的人生就该围着他们转。都二十一世纪了，这样的男人仍未绝迹。

为什么东大的女生占比上不去

东大之所以请我在入学典礼上演讲，是因为东大的女生占比迟迟没能突破两成。我演讲的2019年是17.4%，2020年升至19.1%，2021年达到20.0%，乍看演讲好像是起了那么点作用。谁知2022年又降回19.8%，直到2023年才真正打破"两成的壁垒"，达到23%。即便如此，变化仍是微不足道。

顺便一提：东大教授的女性占比为7%。

每每聊到这个话题，都会有人发问："女生占比上不去有什么问题吗？"他们觉得东京大学的入学考试还是相对公平公正，只是报考的女生比较少，考上的女生自然就少。甚至有男性教师称，"东大并未禁止女生报考，报考与否是考生自己决定的，东大无须为此负责"。二战前的帝国大学[①]确实不收女生（东北大学除外），但如今机会是人人平等，所以他们认为这件事属于"自我决定、自我负责"的范畴。

然而，东大女生少，真的是考生自己造成的吗？性别教育学告诉我们，性别的社会化（男人就该有男人的样子，女人就该有女人的样子）是从零岁开始的，而非斟酌要不要报考东大的十八岁。"怎么是个女娃啊"——父母的期望和投资方式的差异，始于婴儿呱呱坠地的那一刻。上学的时候，以升学指导老师为首的各路师长会用"女孩子不用那么拼"暗示引导，连"复读了就是残次品"这种话都敢说。数理化成绩好的女生则会收到"理科好的女生还真稀罕"这般多余的评语。

2019 年开展的国际数理化教育趋势调查对比了

---

① 对 1886 年至 1945 年间的日本国立大学的统称，为首的东京帝国大学是今天东京大学的前身。

男生和女生的数学平均分。小学四年级时，男女均为593分。上初二时则是男生595分，女生593分，几乎不存在差异。但女生对数学的畏难情绪还是会随着年级的升高而上涨，这其实是后天原因所致，是无意识偏见削弱了她们的学习积极性。女生的理科天赋就这么被白白埋没了。

放眼大学的理科专业，不难发现工科的女生占比最低。好在近年来，工科院系正在大力招收女生。东京工业大学、名古屋大学、岛根大学和富山大学都在工学院系启用了女生配额制度。为实现技术立国，推动科技创新，政府将"增加理科女生的人数"视为国策。从这个角度看，在今后的一段时间内，女生学理科会更有利。

2022年，奈良女子大学开设了工学院。在国立大学这一范畴中新增仅限女生的工学院，能够实现和女生配额制度相似的效果。让女生在不必与男生竞争的环境下无拘无束地专注研究，确实益处颇多，但仅凭这一点还无法改变工学院系的男性主导文化。毕竟她们将在不远的未来进入男女皆有的社会，如果男性群体还是老样子，社会就不会改变。因此，我希望男女同校的高等学府的工科院系也能多招收女生，让工科男生在男女共处的环境下，形成和女生平起平坐搞研究的观念。

学理科（尤其是信息工程类专业）能带来更多从事高收入工作的机会。学术界的文理融合也会进一步深化。从这个角度看，多学点理科知识还是非常重要的。

在精英男性面前，女性会分成两类

背负着众人期待，从小地方考入大城市一流高校的优等生很快就会发现，身边有的是比自己更厉害的人。无论男女，都免不了要遭受这种"天外有天，人外有人"的打击。

遇到这种情况时，女生可能会采取不同于男生的应对方式。她们中的一些人会抬举男生，把"男生就是厉害呀"挂在嘴边，试图用性别刻板印象将自身的劣势合理化。

为了维护自尊心,她们会想方设法让自己被男性圈子金字塔尖的阿尔法男性(Alpha Male)选中。阿尔法男性就是在高中或大学处于领导地位的男生。运动队的领军人物基本没有异性缘不好的,学生运动的领袖也会受到异性的追捧。这些女生通过"被阿尔法男性选中"来满足自己的认可欲求。

想要跟男性一争高下的女生则会出现否定自身女性特质的倾向,内心陷入挣扎。一边是试图与男性对等竞争的女生,另一边则是认清了哪里是"女性专座",想在这个位置上尽可能有利地活下去的女生。女性群体的分裂,与综合职位和一般职位的划分有着异曲同工之妙。

我在入学典礼的演讲中提到,东大有一些不收本校女生的校际社团。在演讲的启发之下,教育学院有一位叫藤田优的女生写了一篇题为《东京大学校际社团到底是怎么回事——"拒绝东大女生加入"所维护的不平等结构》的毕业论文。这篇论文实在太有意思,于是我把它转载到 WAN 女性学专刊,还贴在了网站上(https://wan.or.jp/journal/details/)。

作者称,东大校际社团的男生很喜欢出题考外校女生。东大的男生见多识广,对方当然答不上来。于是他们就会笑话那些女生:"你们好蠢哦。"女生则会说:"我们就是很蠢嘛——"这让我想起姬野薰子的小说《以爱之名》(文艺春秋,2018/ 文春文库,2021/ 中信出版社,2020)。原书名是《因为她蠢》(彼女は頭が悪いから),源自一名因性暴力被学校开除的工科男生接受审讯时的发言。

东大男生常说:"校际社团的女生可好了,无论我们说啥,她们都会笑眯眯地捧场。东大女生就没那么配合。"人们口中的精英,就是在这样的环境下度过四年大学生活的男生。

我采访过一位校际社团的东大男生:"你们是怎么招募女生的?"他告诉我:"去女子大学的门前搭讪就行了。"我又问"招人的标准是什么",他如此回答:"有两套标准,要么看颜值,要么看网球水平。我们毕竟是网球社团嘛,要出去比赛的,所以也会招网球打得好的女生。"

当时我就想:这些二十出头的男生做的事情,和区分综合职位与一般职位的老头并没有什么两样。除此之外，社团还有各种维持歧视的规矩。我问他："你们就不觉得这些规矩得改改了吗？"他的回答是："这是我们社团的传统，改了会被学长骂的。"他说参加社团活动的那几年过得很开心。可不是嘛，不开心才怪了。

断言"从未经历过性别歧视"的女性

有些在高考中脱颖而出的东大女生，一口咬定自己从未经历过性别歧视。高考是男女平等，有的是比男生成绩好的女生。而且在少子化的浪潮下，父母会对优秀的女儿寄予厚望，大力投资。哪怕她们想考东大，也能得到家人的支持。从没听过"女孩子家家的"这种话的新生代女生就这样登上历史舞台。她们不想被性别框死，对女性主义敬而远之。由于不愿认为自己是弱者，她们对声称自己是弱者的女性抱有反感，无法容忍那些主张自己遭到性骚扰的女性。

我将这种心态称为恐弱（weakness fobia）。越是精英，就越容易恐弱。恐弱的人无法容忍别人宣扬自己的软弱，这正是不愿或不能承认自身弱点的体现。

这些女生遭遇挫折时，也决不会用"我是个女人"为自己开脱。成功也好，失败也罢，在她们眼里都是"自我决定、自我负责"的结果。

我会反问那些说自己从未经历过性别歧视的女生："你爸妈的夫妻关系怎么样？"因为父母是离她们最近的成年男女，而父母之间不存在性别歧视的可能性微乎其微。她们的母亲肯定对丈夫有过不满和怨言。东大女生的背后往往有一位为女儿摇旗呐喊的母亲，我觉得她们的成就是母女两代共同努力的成果。母亲是把自己没能实现的人生目标寄托在了女儿身上。

有些恐弱女生的母亲是离了婚的单亲妈妈，可她们还是会告诉自己："我不会像妈妈那样栽跟头，不会选那么蠢的男人。"将这种过剩的自信称为幻想也毫不为过。

即便遭遇性骚扰，这类女性也会如此暗示自己："这点小事算得了什么，咬咬牙就过去了，用不着大惊小怪，我不会被这种事伤到的。"她们决不会承认自己是受害者，因为她们发自内心地认为，以受害者的姿态示人太糗，丢不起这个人。那些反感韩国女性诉说"慰安妇"遭遇的右翼女性，恐怕也有恐弱的倾向。

恐弱的精英女性常说"性骚扰受害者也得负一定的责任""穷人得在自己身上找原因"，因为她们认定"我和那些人不一样"。她们缺乏对受害者的想象力和共情，满脑子都想着"别把我跟那些人混为一谈"。

其实，"我和那些人不一样"建立在先天条件和成长环境的差异之上。然而，她们没能意识到，自己没有陷入贫困、堕入风尘得归功于优越的环境。她们认为一切的一切都是自身选择和努力的结果。

听说我与铃木凉美共著的《始于极限：女性主义往复书简》（幻冬舍，2021/新星出版社，2022）在中国特别火。铃木凉美那代人非常幸运，成长在一个女性只要有心就能成就一番事业的好时代。无论是在日本还是在中国，都有很多三四十岁的女性对她的观点颇有共鸣。她们之所以在直面社会中的性别歧视时说"这点小事伤不了我",想必是因为内化了"自我决定、自我负责"的新自由主义价值观。新自由主义社会不仅培养了这种观念的男性,也催生出有着同样观念的女性。从这个角度看,性别差距确实在相对缩小,但缩小的方向偏偏是"女性的男性化"。换句话说,女孩在父母眼里已经变得"跟儿子差不多"了。

父母希望孩子"在竞争中脱颖而出"

社会的新自由主义化也对子女教育产生了巨大影响。那些在新自由主义社会中长大并内化其价值观的人成为父母后,又会如何养育下一代呢?

教育社会学家本田由纪称,当被问及对孩子有什么期望时,父亲和母亲的回答差别不大。无论孩子是儿子还是女儿,回答的内容都差不多。也就是说,这方面的性别差异在缩小。

调查结果显示,父母对孩子的首要期望是"在竞争中脱颖而出"……直叫人不寒而栗。

孩子越来越少了，可名校依然难考，还是千军万马过独木桥。父母盼着自家孩子成为最后的赢家，所以会让孩子拼一把名校，以便在未来的竞争中多掌握一点优势。

谐星阿帕[①]在《朝日新闻》的采访中提到，他的孩子就读于东京的国际学校。此事引起了很大的反响。

他本人是贫困的单亲妈妈带大的，从小成绩优异，努力考上了哈佛大学。他觉得自己有不惧逆境的生命力，却不想让自己的孩子置身逆境。作为媒体评论员，他呼吁建立自由平等的社会，缩小贫富差距，却把自家的两个孩子送进了国际学校。他在采访中坦言："我有时也觉得自己是个伪君子。"

国际学校的学费高达数百万日元每年，更何况他有两个孩子。然而作为家长，他还是想为孩子提供尽可能有利的条件。他也很纠结，但是可怜天下父母心啊，和他想到一处的父母不在少数。

---

① 阿帕（パックン），在日本发展的美国人，本名 Patrick Harlan，现任东京工业大学客座讲师。

低生育率导致"只许成功不许失败"

很多把"让孩子自己选""尊重孩子自主性"挂在嘴边的开明家长，会在孩子面临升学考试时摇身一变，拼命鸡娃。尤其是在有众多私立高中可选的一线城市，孩子升上小学高年级后，家长便会陷入迷茫。越是擅长搜集信息的高学历家长就越是容易晕头转向，连阿帕都不能免俗。我之所以能说出这些冠冕堂皇的话，大概也是因为没有孩子吧。如果我有学龄期的孩子，搞不好也会加入鸡娃大军。

日本应试产业的市场规模确实因生育率下降而有所缩小，但竞争的激烈程度有增无减。同样的现象也出现在了中国和韩国。孩子的减少并没有缓解中韩两国的竞争压力。

在中国办讲座时，我说了这么一段话："现在的母亲明明只有一两个孩子，却是叫苦连天，走投无路。肯定有人觉得，跟上一代一生就是五六个的女性相比，这年头的母亲真是太不像话，太没出息了。可现在的年轻家长背负着老一辈人无法理解的前所未有的育儿压力,总结成一句话就是'只许成功,不许失败'。"台下的听众探出身子,连连点头。

低生育率加剧了家长的压力。想当年,家家户户都有五六个孩子。孩子这么多,肯定既有出类拔萃的,也有碌碌无为的。成绩一般般,但跟母亲合得来的孩子说不定就会一直留在家里尽孝。孩子的成长路径难以预测,但低生育率导致家里只有一两个孩子,父母的关注便会集中在仅有的孩子身上。女儿也无法逃避这种期待的重压。

在竞争中败下阵来的孩子会怎样

我在东京大学接触到的都是在竞争中脱颖而出的孩子。他们都是所谓的优等生,什么事都能做到平均分以上。哪怕心里不情愿,都能把事儿办得漂漂亮亮,这也是一种不幸吧。

这些孩子都很懂事。他们一直在观察父母的脸色,迎合父母的期望,因此得到了父母的认可。然而,这是一种有条件的爱。他们是因为满足了父母的期望才被爱的。那要是满足不了呢？

早在二十一世纪初，我就在教育第一线感受到了学生们的变化——有自残倾向和心理问题的学生明显多了起来，多到无法用"特例"解释的地步。割腕自残、进食障碍、社交恐惧……有这种症状的学生是越来越多了。

根据我的个人经验，出现这些情况的一大契机是求职活动。东大的学生擅长笔试，前几轮还是很容易过的，可要是在终面被刷，又不知道原因，就会有人格被否定的感觉。对那些在考场百战百胜的优等生而言，这就是人生中的第一次挫折。于是他们会不断自责，武断地否定自己，认为"我是没有价值的""活着没有意义"。

来自父母的压力也是不容忽视的因素。父母会将新自由主义的价值观灌输给孩子，使他们更容易自责。有研究表明，厌学、拒学的孩子往往是踏实正派的，会比父母更严厉地责备自己。

而在新自由主义社会，一切的一切都是"自我决定、自我负责"，一旦栽了跟头就没有退路。"都是我不好"——除了自责，孩子们别无他法。自残型心理问题就是这种社会环境的产物。把年轻人逼到这个地步的社会是多么残酷啊。

也许早在进入大学之前，早在初高中阶段，他们的崩溃就已经开始。我时常听到初高中教师聊起教学秩序混乱的现状和拒学学生的增加，听得我背脊发凉，因为这些问题必然会在几年后蔓延到我执教的大学。我能切身感受到，孩子们的世界正处于某种变化之中，他们在走向崩溃。

东大的学生承受着来自家长和社会的巨大压力，但好歹能咬紧牙关迎合父母的期望，笑傲考场。而他们背后肯定有无数想要满足父母却无能为力，紧张得浑身动弹不得的孩子。这些孩子不会走到我面前。

在贫富差距不断扩大的社会，家长对儿女的期望都是"成为人生赢家"。自不用说，这种期望出自"为了你好"的父母心。尤其是那些本人就是精英的家长，他们自己是人生赢家，当然也希望孩子跻身赢家的行列。天知道东大夫妻的孩子面临着多大的压力。有些家长常说："我一直告诉孩子，你可以随便选自己想走的路。"可孩子不光能听到父母嘴上说的，还能揣摩到无声的期望。在父母看来，孩子理应能达到自己这个层次，最好要超过自己。然而，东大毕业生的下一代考进东大的概率怕是还不到一半。如果家里不止一个孩子，很可能会出现"一个考上了，另一个没考上"的情况。"瞧瞧你哥，再瞧瞧你……"如果家里孩子少，家长还天天捧高踩低，被踩的那个怕是会心生怨怼，甚至萌生杀意。

许多精英家长视野狭隘，只了解自己所在的小世界的成功模式，想不到其他选项。于是在竞争中败下阵来的孩子就没有了容身之地。成绩明明只是众多价值尺度中的一个，他们却不知道其他多元价值尺度的存在。

我想告诉孩子们："受不了就跑，没关系的，无论你在哪里做什么，只要好好活着就行。"我是真心盼着他们幸福快乐。不满二十岁的孩子过得不好，岂能怪到他们自己头上。

作为教师，我脑子里一直都有一个念头：我要倾囊相授，让这群孩子在未来的任何时候、任何地方都能生存下去。生存技能无关考分。无论是一流学校还是四流学校，教育的基本原则都是一样的——传授在任何时候、任何地方都能生存下去的智慧。

这个"地方"也不是非日本不可，天涯海角也无妨。面对愈发难以预测的世界，我殷切希望孩子们都能掌握生存的智慧，在自己的落脚之处顽强地活下去。

父母的职责是扩充孩子的人生选项

现在这批孩子在十几岁的时候就被归入了以考分划界、高度同质化的群体。进入东大的孩子大多出自重点学校，上大学深造是标配。在他们周围，考东大的学生并不稀奇。置身于这种高度同质化群体的孩子怕是很难想象，有同龄人因为经济原因上不起大学，有家长会反对孩子上大学。

日本是一个贫富相对混居的国家。如果孩子上的是公立小学和中学，同学里就有可能出现高中辍学的，或者高中一毕业就工作的。可一旦进入按成绩分层的高中,孩子就只能看到周围三米以内的现实。

因此,家长很有必要为孩子拓宽与多元社会的交集,这样才能为孩子创造亲身体验社会多样性的机会,更能为他们扩充人生的选项。

想当年,住得近的孩子会自然而然地形成街坊社群,无须家长插手。然而,这样的社群已经不复存在,因此家长需要有意识地为孩子选择并提供与社会的交集。近年来,职场和家庭之外的第三空间的必要性备受关注。其实,需要第三空间的又岂止成年人呢。

如果孩子的去处只有学校和家庭,一旦被逼入绝境就无处可逃。与其请家教,不如送孩子进运动社团或童子军,报个补习班或兴趣班也行。

为下一代提供既非学校又非家庭的第三空间,让他们与同龄人建立某种社群,孩子就能认识到社群不止一个,意识到社会上有形形色色的孩子和家庭。多开发几个这种性质的空间,孩子就有了避风港,不爱上学的好歹能往运动社团跑。

不过,这需要家长具备一定的资源。来回接送就不用说了，还得投入金钱和时间。听说少年棒球或足球队队员的家长（尤其是母亲）天天忙里忙外，累死累活。在美国，由于此类社群都不在孩子步行可达的范围内，大人接送是免不了的，但家长还是咬牙扛起了重担。

实在找不到合适的社群，那就请人帮忙照顾一小会儿，或者把孩子送到别人家里小住几天，关键是为他们创造"换个环境"的机会。参加没有家长陪同的夏令营或短期留学也是个好法子。在有许多成年人的环境里，孩子会在多元价值观的锤炼下茁壮成长。

漫画家山崎真理的育儿记录《儿子物语》（幻冬舍，2021）让我深受感动。她带着独生子走遍了世界。她离了婚又再婚，儿子的世界被搅得天翻地覆。这本书的最后收录了儿子的寄语。他写道，因为母亲心血来潮，他被拖着跑遍世界，吃了很多苦头，但"多亏了妈妈，我掌握了无国界的活法（略）。无论以后置身于世界的哪个角落，我都一定能活下去"。儿子是母亲最大的受益者和受害者。山崎真理敢把他的证词收录在自己的书里，着实勇气可嘉。

要是当妈的天天说"我吃这么多苦都是为了你啊",儿子就会有负罪感。但书中的儿子敢对母亲说:"妈妈,你总是自说自话!"这样的孩子就不会愧疚。母亲的肆意自由让儿子不至于受到大人的束缚,活得自由自在。

诗人伊藤比吕美分享过这么一件事。最小的孩子三岁时,她问:"在这个世界上,你最喜欢谁?"孩子回答道:"我自己!"——还有比这更好的答案吗?她说她在那一刻确信,这个孩子无论走到哪里都一定能活下去。

老实正派的孩子更容易拒学

置身教育的第一线,便不难发现拒学的孩子呈增长趋势。拒学人数自 2013 年起逐年上升。2021 年每 1000 名学生中就有 25.7 人拒学,创下了历史新高。

调查和案例研究表明,拒学的孩子都有明显的自责倾向。想要满足父母和教师期望的老实正派的孩子因为自己做不到而深深自责。于是他们的身体愈发僵硬，动弹不得，最终发展到拒学的地步。有些孩子懂得自我放松，擅长给自己找退路，但也不是每个孩子都这么机灵。

学校和军队是近代日本最早的国民化装置，两者都是为了培养符合规格的国民而登上历史舞台。现如今，征兵制已经废除，学校却还是老样子，仍保留着用极具军训色彩的"向右转""稍息"号令学生的集体主义。社会明明已经如此自由，校园文化却没有丝毫改变，从众压力依然很强，进而催生出校园霸凌。

拒学的原因是多种多样的，可能是贫困，也可能是歧视或霸凌。还有一些学生是因为无法适应校园文化才不肯上学。加之家长不再尊重教师，学历更高的家长有时会公开批评教师。研究拒学问题的社会学家指出，校园文化和家庭文化之间的巨大差异让孩子陷入严重割裂的状态，这也是导致拒学的原因之一。

机灵的孩子懂得随机应变，在家长面前戴上孩子的面具，在老师面前则换上学生的面具，奈何有些孩子做不到转换自如。学校里的常识在家里并不适用，反之亦然，久而久之，孩子就像被撕裂一般陷入混乱。

仔细观察我们的周围，便不难发现家风开明、家长学历高的家庭的孩子几乎都有过拒学经历。

见孩子不肯上学，大多数家长都会陷入恐慌。尤其是自身学历高的家长，因为他们在学历上成就颇高，所以下意识认定孩子理应达到和自己一样的高度，甚至青出于蓝。不去上学的人生超出了他们的想象。

百般劝说出自私心

内化了新自由主义价值观的父母往往会如此责备表现不如意的儿女："别人都能做到，你怎么就做不到呢？"他们不认为这是学校的结构性问题，而是把"自我负责"强加给孩子。

和拒学的孩子交流时，我常怀疑他们在家中是否真的得到了重视。

二十多年前，大平光代出版了畅销书《活下去》

(讲谈社，2000/讲谈社文库，2003/山东文艺出版社，2000）。她在书中提到，母亲对拒学的她说："求你了，学总得去上吧，不然妈妈没脸见人了！"这让她大受打击，心想："妈妈，难道我在你心里还不如面子重要吗……"

劝说拒学的孩子时，大多数父母都会加上一句"我也是为了你好啊"，但孩子一眼就看出来了——"你劝我是为了你自己吧。"孩子再清楚不过，父母的百般劝说其实都出自私心。

那学校的老师呢？他们真的重视孩子吗？老师时常把拒学的孩子视作累赘，甚至会说出"都怪你们家长没教好"这样的话。谁都不想沦为别人眼里没教好孩子的家长，所以家长会拼命劝孩子回去上学。近年来，由于拒学渐成常态，有些老师都懒得插手了，直接当拒学的学生不存在。

后来，大平光代自暴自弃，走上歪路。她文了一身刺青，嫁了个黑帮成员，在北新地的夜店当起了女公关。某天，她在机缘巧合下与父亲的好友重逢，在这位长辈的支持下发奋学习，通过司法考试，在二十九岁那年当上律师。她本就是一个能量很足的姑娘，能够逆流而上。

出书前，她问母亲能否如实写出她们之间的冲突。母亲说："你就照实写吧。"付出了惨痛代价的母女就此和解。

从黑帮混混的妻子到通过司法考试的律师，大平光代的人生可谓是跌宕起伏。这无疑是一个脱胎换骨的成功故事，但也不是每一个曾经拒学的孩子都有她那样的能量。天知道能量的多寡是什么决定的。有些孩子饱经风雨，却顽强地活了下来，有些孩子则支离破碎，迷失了人生的方向。孩子本身缺乏能量，就无法鼓起勇气搬出去，远离给自己造成压力的父母。

就算父母靠不住，只要身边有其他值得信赖的成年人，孩子就有可能爬出泥潭。并不是所有成年人都不可信。大平光代的重生，正是多亏了值得信赖的长辈。

超级精英已经开始跑马圈地

今时今日，教育日趋多元化。既有学分制高中，也有教育方针独树一帜的特许学校[①]，拒学的学生总能找到适合自己的选项。

与此同时，文部科学省也调整相关政策，力求为精英提供相应的精英教育。长久以来，教育的目的一直都是提高国民的平均水平，但高层认为这种平均式教育无法充分发挥精英的潜力。

公立中学在全国遍地开花，大学也相继开设了文理融合的精英课程。好比九州大学就在2001年启动了独立于学院之外的"二十一世纪计划"（后来转入共创学院）。该计划每年招收一百零五人，这些学生能享受极其优厚的教育资源。京都大学也推出了旨在培养新生代研究者的"白眉计划"[②]——这名字起得也够直白的。

对精英学生投入大量教育资源的举措效果如何？有没有开展后续评估？结果还不得而知，但可以肯定的是，教育层面的贫富差距将会越来越大。精英教育

---

① 特许学校，政府出资的民办学校，灵活性高，有很大的自主权。
② "白眉"原指中国三国时期的蜀汉官员马良。马家兄弟五人都富有才学，眉毛中有白毛的四子马良最出色，当地人称"马氏五常，白眉最良"。后人以"白眉"指代"同辈中的佼佼者"。

的推进也引发了学历通胀。高中辍学的人很难找到工作。一些女孩不得不谎报年龄，堕入风尘。这就是"格差社会"的现状。

考试成绩不代表能力

在分析教育层面的种种现象时，有一个绕不过去的问题：怎么样才算"能力强"？无论是校内的小考还是中考高考，正确答案通常就只有一个。考试选拔的是正确率高的学生，所以成绩好的优等生不过是能够迅速、准确地得出正确答案的人罢了。"你们将要面对的是充满不确定性的未来，提几个从没有人解答过的问题吧"——面对这样的要求，优等生给出的回答必然是"我提不出来，因为没试过"。这足以体现出当前的高校选拔方式从根本上就是错的。

我曾如此挖苦东大的学生："你们也只能在知识竞答大赛上耀武扬威了。"眼下日本最引以为傲的出口产业是内容产业，主打动画、漫画和游戏，而这批成绩好的优等生最多只能当个销售者，成不了创作者。

和高中生交流时，我常说："你们现在的主要任务是学习，而学习在日语里写作'勉强'。"

上大学以后，学生的主要任务就不是学习，而是"研究"了。所谓研究，就是提出问题并深究。学生要探索的是那些尚未有答案的问题。其实做研究也不必等到上大学之后。

近年来，为了培养高度契合二十一世纪的人才，许多初中和高中调整了课程设置，引入了探究型学习和综合型学习，老师也还在摸索的过程中。我不由得想：现在的高中老师是否具备指导探究型学习的知识和技能呢？自己都没学过，要怎么教别人呢？

我参加过几场高中的探究型学习成果汇报会。重点学校的学生确实能熟练地搜集数据，把PPT做得漂漂亮亮。然而，他们提出的问题大多出自SDGs（可持续发展目标），都是现成的，数据也都是从网上巧妙搜来的现成知识。每次参加这样的汇报会，我都烦不胜烦，仿佛在听智库新员工的拙劣汇报。东京大学的上野研讨组是绝对不容许这种汇报出现的。

二十一世纪需要的人才，是能够直面风云莫测的社会并自主探索答案的人。新冠疫情这样的突发事件肯定不会是最后一次,现成的答案是不顶用的。掌握已有的知识还远远不够,得创造出无人知晓的新知识。我将这方面的经验技能统称为"元知识"。在我看来,大学就该是学习元知识的地方。

当然,并不是所有的大学教师都在开展这方面的教育。许多大学已经转向实用教育,朝职业学校靠拢。研究者也变成无人问津、回报率低的冷门职业。

不难想象,日本的研究能力将会进一步下降。高等教育危机重重,人才培养也栽了跟头。长此以往,到了将接力棒交给下一代的时候,就会面临无人可以托付的窘境。教育领域的危机也是不折不扣的人祸。

PART4

暮年

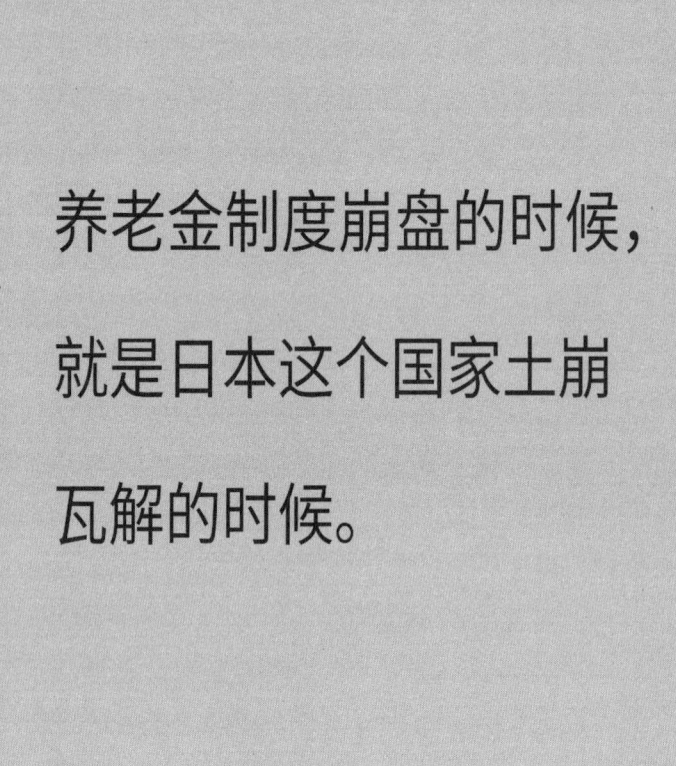

养老金制度崩盘的时候,就是日本这个国家土崩瓦解的时候。

返聘制度无法满足老年人的工作意愿

2012年出台的修正版《老年人就业稳定法》规定，如果员工本人有工作意愿，则企业必须继续雇佣其至65岁。后来又改成"建议企业将退休年龄提高至70岁"（截至2021年）。

60岁退休制是80年代后期推广开来的，而退休返聘制度诞生于1990年。

退休制度本身始于明治后期。当时的退休年龄是55岁，但只有少数企业引进了这项制度。当时男性的平均寿命是50岁左右，因此55岁退休制几乎就是终身雇佣了。

二战结束后，退休制度才得以普及。平均寿命延长了，可退休年龄还是55岁，这必然导致退休后的生活资金问题。于是有关部门在1954年对厚生年金制度进行全面改革，在1961年启动了国民年金制度①。

当年的退休制度也存在性别歧视，有专门针对女性的"30岁退休"等早退制度。男性55岁退休的时候，女性也是50岁就退休了。为这种歧视辩解的企业称"女的老得快"，可谓荒谬至极。

2021年，日本男性的平均寿命上升至81.5岁，女性更是高达87.6岁。大多数人60多岁就退休了，可是七老八十还很精神的老人家不在少数。我常对花甲之年的男男女女说："还能再干20年呢！"这是基于我的切身感受和观察得出的结论。

确实有人在退休的年纪患上认知症，但还是有很多人能继续工作。20年足够一个新生儿长大成人了，重启人生也不是痴人说梦。如前所述，我就是在50

---

① 按照厚生劳动省的划分标准，日本养老保障制度由三个层次组成。第一层是国民年金，20岁到60岁的国民均须缴纳。第二层是与收入挂钩的厚生年金，在参加国民年金的基础上，企业雇员和公务员需要加入厚生年金。第三层则是不同类型的企业年金和个人养老计划，企业与个人可自由选择加入。

多岁的时候转移了研究重心。

从家庭的角度来看，几乎没有一个男性能拒绝返聘，因为妻子不会允许还能赚钱的丈夫在家躺平。

在返聘制度下，多数员工是先办退休手续，领取退休金，然后再返聘入职。做的明明是和退休前别无二致的工作，基本工资却被调低。有人认为这是不合理的，提起诉讼。最高法院给出的判决却是，考虑到岗位调动、工作地点与管理职责范围的变化以及领取养老金等因素，降薪算不上"不合理"。

我曾在面向社会人士的立教继续教育学院担任特聘教授。当时上野研讨组的一位学员开展了关于返聘制度的实地调查，发现制度的实际运行并不顺畅。

对那些被返聘的员工而言，问题在于企业不肯把责任重大的工作交给他们，这让他们倍感沮丧。企业面临的问题则是与返聘员工共事的年轻员工用不好这些老前辈。曾经的领导变成了下属，年轻人不知所措，只得闲置不用。与其维持让双方头疼的返聘制度，还不如提高退休年龄，奈何日本企业有无法提高退休年龄的苦衷。

日本企业为何不能提高退休年龄

为什么不能提高退休年龄，非要搞什么返聘呢？原因在于日本企业的论资排辈制薪酬体系。退休前的工资不仅包括了工作成果的报酬。随着年资和职级的上升，工资本身也会往上涨，几乎不会出现降薪的情况，除非被处分或降职。在论资排辈制薪酬体系下，雇员的生产力不和薪酬挂钩，资格越老就越占便宜。退休时的工资是最高的，企业才不乐意继续出这么多钱呢。不能提高退休年龄，就是为了维持论资排辈的日式传统雇佣制度。只要这套体系还在，不论表面上的工作年限延长五年还是十年，"返聘"都是劳资双方眼里的鸡肋。

日式雇佣体系不仅暗藏性别歧视，还嵌入了年龄歧视。若能废除论资排辈制薪酬体系，实行无关年龄和性别的同工同酬，按职务开薪水，年龄歧视就会随之消失。

最近出现了一种以项目为单位的新模式，说白了就是按项目组建团队，给每个人分配特定的任务，达成目标后原地解散。如此一来，领导就不是永久的了，团队里有比领导年长的成员也无妨。用这种方式实现企业组织的流动，便能消除年龄、性别和职位之间的关联。只要你想干也干得动，干到古稀之年都没问题。如此一来，企业也能根据实际情况雇佣有工作意愿的人，无须顾虑对方的年龄。

至于具体的解决方案，我觉得可以废除退休制度，或者将退休年龄改为自我申报，超过一定年龄就从成员型雇佣转为职务型雇佣。这样员工就能以符合自身意愿的形式继续工作。例如，如果员工提出60岁后继续上班，工作量压缩到原来的80%，那就按打了八折的年薪签合同。

不改变企业的组织架构，这个问题就无法得到解决。

银发人才中心甚至不能为老年人提供有成就感的工作

要想在退休后重返职场，去银发人才中心登记备案倒也是一个方法。但那种机构介绍的工作（比如清洁工、家政服务员、园丁、自行车棚的管理员）不仅工资极低，还没有成就感。这样的机制根本无法有效利用在企业从事过专业工作的人才，也无法让他们发挥磨炼多年的技能。

有特定技能的朋友不妨自立门户。只要谈判能力过硬，就不至于贱卖自己的劳动。

《照护保险法》出台后，全国各地涌现出了一大批深耕照护保险行业的女性创业家。因为有了制度的保障，照护变成一份能够养家糊口的职业。而且这项事业是她们一手开拓出来的，没有法定退休年龄，一路干到八十多岁都不稀罕。

她们并不是发现"照护是未来的风口"才进入这个行业，而是长期脚踏实地地开展社区活动，构建网络。她们中的大多数早在照护保险问世之前就已经在从事有偿志愿服务、开展互助活动了，最后顺利转型，进入了照护保险行业。

任何变化都不是从无到有，而是之前播下的种子在适宜的环境下抽条开花的结果。

创办NPO（非营利组织）的时候，你会发现有些男性是很愿意为这类活动添砖加瓦的。男人跟剪刀一样，用好了就能玩出花来。"理事"这样的名誉职位也能让一些人心花怒放，进而生出责任感。可以找有财务背景的男性负责财务工作，会开车的男性也可以做志愿驾驶员，负责日托中心的接送工作。哪怕报酬只有本地最低工资的水平，几乎跟做志愿者差不多，也能带来"我在为社会做贡献"的自豪感和满足感。这与银发人才中心介绍的工作有很大不同。这类男性在我们周围的社区可不少见。

我与伙伴们共同创立的认证NPO法人"女性行动网络"（Women's Action Network，简称WAN）也得到了退休人士的大力支持。WAN的主体是传播女性主义相关内容的网站，上至理事长，下至基层员工，没有一个拿工资的。六十岁退休的人还很年轻，尤其是那些媒体工作者。写作早已成为生活的一部分，他们却失去了发布的平台。这些人技艺高超，工作积极性也强。我们也很感激他们的奉献，但NPO能提供的回报不是工资或职位，而是"做有意思的事"和

"与有趣的人共事"。

养老金制度不会崩盘
——问题在于"能拿到多少"

退休后继续工作也不仅仅是为了实现个人价值。尽可能推迟领取养老金的时间以提高数额、填补养老金缺口也是一方面的原因。除了健康问题,银发族也深受财务问题的困扰。

二三十岁的人似乎都在心里嘀咕:"我们这代人怕是拿不到养老金了。"有些年轻人认定养老金制度必然崩盘,因此故意不缴纳保费。但养老金本质上是一种保险,不缴纳保费就享受不到(第3号被保险人除外)。养老金制度崩盘的时候,就是日本这个国家土崩瓦解的时候。

不过,"具体能领多少"和"能不能回本"仍是未知数。能否领到足够维持暮年生活的金额是重中之重,但养老金制度的设计存在根本性的问题。

日本的养老金制度可细分为两层,分别是国民年金和厚生年金。前者的设计初衷并非是让领取者单靠这笔钱度日。公务员和企业雇员既要参加国民年金，也要参加厚生年金，老了以后领两份。部分企业还有企业年金作为补充。可惜近年来，企业已经没有这种余力。

然而，农民、个体户、无法参加厚生年金的非正式员工和无业人员就只能领取国民年金。国民年金原则上是全民强制参加，可还是有一部分人缴不起保费。哪怕连缴四十年，每个月最多也就领七万日元。因为制度的设计者认为，个体户没有退休的概念，上了年纪还是要继续干，给点零花钱足矣。然而，随着超老龄社会的到来，老年人的虚弱期显著延长了，收入全靠养老金的老年人家庭也在增加，这恐怕是制度设计者始料未及的。

参加了厚生年金的人就高枕无忧了吗？未必。推出厚生年金的初衷是"保障雇员退休后的生活"，标准是在职时收入的一半。夫妻二人的家庭每月大约能领到二十二万日元。现在八九十岁的那批人里甚至有每月超过三十万的。

可惜好日子已经到头。政府引入了宏观经济浮动机制（根据当时的社会形势自动调整养老金给付水平），养老金定会不断缩水，单靠养老金过活将变得越来越难。金融厅的测算结果显示，如果夫妻二人退休后再活三十年，就需要在养老金的基础上自备两千万日元，才能维持正常的生活。

连上市公司的退休员工都有可能在经济上陷入困境。有些人是由奢入俭难，有些人是因病返贫，还有些人拿退休金去投资，结果血本无归。

常有老年人抱怨"给不起婚丧嫁娶的礼金"。平时倒不至于揭不开锅，但无力应对这种突发的开支，一个月里碰上好几场红白喜事就吃不消了。所以常有人建议老年人别去观礼吃席。退休后不降低社交餐饮等方面的消费水平，家庭财政吃紧就是必然的结果。换言之，上了年纪就得粗茶淡饭，简朴度日。

多亏养老金制度，年轻人才不用给父母寄钱

希望广大年轻人在算计"老了以后能拿到多少养

老金"之前，先认清这样一个事实：如果日本没有养老金制度，你们就得给穷困潦倒的爹妈寄生活费了。

曾经的日本就是如此。在三代同堂的年代，所有家庭成员的钱是放在一起的。当家主母会收集全家人的收入统一管理。儿媳打工赚的钱也是交给婆婆分配。在这种传统的家庭制度下，家长手握重权。送走了丈夫的主母会将儿子捧上一家之主的位置，然后"垂帘听政"，享受非正式的"皇太后大权"。

同住的子女要赡养父母，搬出去的子女也得寄钱回来。这就导致子女囊中羞涩的老年人缺衣少食，苦不堪言。多亏了养老金制度，老年人才能在不依靠子女资助的前提下维持正常的生活。

从某种角度看，养老金制度其实是一种代际转移支付制度。养老保险的保费是没退休的年轻人在负担。孩子辈、孙子辈缴纳的保费被匿名化后纳入养老金资金池，然后再发给老年人。钱上没写名字，所以老年人不必对孩子心怀愧疚。有些老人家甚至会用微薄的养老金给孙子孙女发零花钱。如果这些钱是儿子每月用挂号信寄回来的呢？哪能把儿子给的钱拿给孙子孙女呀。

多亏了养老金制度,老年人可以靠养老金维持日常生活,住得远的子女也不必再担心父母揭不开锅。这种家庭财政的分离是足以改写代际关系的重大变化。刚推出照护保险制度的时候,有些保守派政客大加反对,说它破坏了"子女赡养父母的日本传统美德"。其实早在那之前,养老金制度就推进了老年人的经济独立,实现了代际间的财政和家庭分离。仔细观察便不难发现,哪怕是三代同堂的家庭,代际间的财政也早就分离了。"一家一个钱包"的时代已经一去不复返。

开展照护保险的相关调查时,我们发现使用者往往只在养老金负担得起的范围内使用照护保险制度。可见家庭内部已经确立"谁受益谁负担"的原则,子女不愿为照护父母自掏腰包。这也能从侧面体现出财政分离的程度之深。

确保居有定所是首要任务

安享晚年的首要条件就是居有定所,"有一处上了年纪也不会被轰走的住房"是至关重要的。近年来，养老领域也开始倡导"住房第一"，确保个人空间是维护生活质量的基础。

都说年龄越大就越容易沦为"住房弱者"。可事实上，这些人在变老之前就已经是住房方面的弱势群体。日本在战后大力鼓励国民购房，而"住房弱者"就是在政策的鼓励下仍无力积累财产的贫困群体。由于缺乏物美价廉的公租房，这些人只得依赖私人出租的住房。而他们上了年纪以后，房东就不乐意续约，怕拖欠房租。万一碰上个孤独死的房客，房子就成了凶宅，不好找下家。

不过，多亏了鼓励购房政策，日本老年人家庭的自有住房率超过80%，这是他们用一辈子抵押贷款换来的成果。日本政府想通过促进私人购房积累财产来扩大内需。大多数日本人会在家庭扩大（孩子出生）的时期生出购房的念头。问题是，日本的住房只能满足家庭扩大期的需求，与家庭缩小期并不适配。在家庭成员因生育率下降和家庭的小型化而减少时，如果名下有一套大房子，还能卖了换一套小一点的公寓住,或者租给正在养孩子的家庭。移居换房援助机构(JTI)就有面向出租方和承租方的匹配服务。如此一来,既能保留房屋的所有权,又能用租金补贴家用。

日本的住房空置率约为13%。有些房屋本身没有资产价值,子女又负担不起高昂的拆除费用,只能放任其腐朽老化,空置房问题日益严重。

面向老年人的住房有收费养老院和附带服务型老年住宅等选项。附带服务型老年住宅是提供安全确认服务的出租房,但不提供照护服务,如有需要则联系外部机构。每月的租金和管理费约为15万日元,再加上上门照护、上门医疗等额外服务的费用,每月的总开销约为25万至30万日元,绝对不算便宜。仅靠养老金就能负担得起的老年人寥寥无几。

日本法律规定居住面积原则上不得少于25平方米,但住人的房子必然要配备厨房和卫浴,再摆上一张床,就不剩多少放置私人物品的空间了。瑞典的法律规定,老年人设施的居住空间原则上不得少于60平方米,配备独立的卧室和起居室。哪怕是独居,至少也该有这个面积。

《老年人住房法》出台于 2001 年。在此之前,各种面向老年人的出租房已经如雨后春笋般在全国各地涌现。这类住房由于配备了服务,需要跨建设省和厚生劳动省两个部门规范标准,最终统一命名为附带服务型老年住宅。这种老年住宅迅速增加的原因是特别养护老人院[①]和照护老人保健设施[②]普遍需要排队入住,一时半刻等不到床位。再加上房地产市场长期不景气,许多建筑公司为谋出路,在对照护一知半解的情况下搞起了附带服务型老年住宅。政府也通过补助大力鼓励。但这种老年住宅的品质参差不齐,某些地区的市场趋于饱和,出现了"房等人"的情况。

经济条件好的老人家还可以选择自费养老院。其中不乏面向富人的高端养老院,配备了恒温泳池和台球房,餐食也有丰富的选项。入住时需缴纳数千万日元,后续开销是每月三十万日元左右。我去过一家,但一点都不眼红。为什么上了年纪就得跟其他老人住

[①] 特别养护老人院,需被判定为中重度失能且无法在家得到足够照护等方可入住,多数入住者会在此度过余生。
[②] 照护老人保健设施,面向需要康复训练或短期照护的高龄者,需被判定为有复健需求等方可入住。

在一起？美国有只供老年人居住的阳光城①，我也不喜欢这种模式。为什么不能在住惯了的家和社区慢慢老去呢？

此外，子女可能会反对父母入住自费养老院。因为自费养老院买卖的是居住权而不是所有权，无法作为资产留给子女。商业模式设计得再好，子女都是不欢迎的。

也有人想在退休后搬去乡下住，但照护和医疗资源较为丰富的大城市可能更适合老年人居住。如果你真打算去乡下定居，请务必在动身前了解一下当地的医疗护理、生活护理和医疗资源等情况。要是那种出门必须开车的地方，就得提前想好开不了车要怎么办。针对移居者的接纳政策存在很大的地域差异，"邻镇来了好多人，这边却一个都见不着"是常有的事，所以提前了解各方面的援助政策和资源也很有必要。

---

① 美国佛罗里达西海岸的著名养老社区，会员每年只需支付一百四十美元的费用，就能享用室内外游泳池、网球场地、保龄球道等各种康乐设施和服务。

如有顾虑，不妨选择小住，尽情享受乡野生活。我在长野县的八岳有栋房子，但那边没车约等于没腿，要是有朝一日没法自己开车，就不能继续住了。

乡下必然会越来越冷清。振兴地方经济谈何容易，所谓的成功案例不过是极少数的例外。

确实有正值育儿期的家庭从大城市搬到小城市，问题是这些孩子会不会留下呢？选择移居的人通常学历较高，高学历的家长普遍希望孩子也能接受高等教育，所以他们的孩子很可能为了上学或工作搬去大城市。地方经济的前景着实堪忧。

日本在人口暴涨期开拓山林，建设了许多新村。明治初期的人口不过三千万，短短一世纪后竟暴增至一亿两千万，以至于偏远山区都出现了村落。但人口一旦进入下降期，这些村落必将走向衰退。

留在这种开拓村的大多是老人家。由于缺乏工作岗位，年轻人普遍会选择离开。但老人留恋故土，哪怕房子残破不堪，家里人都走光了，他们都不愿移居他处。长野县泰阜村（人口约一千六百人）的前村长松岛贞治说，按老人家的意愿，在家中为他们送终就是自己的职责。送走了老一辈,村子的历史便也画上句号。新村化作旧村,逐渐回归原样。

跟官员聊起这个问题时,有人如此说道:"为了建设基础设施给他们供应水电煤,天知道要投入多少纳税人的钱。"但这种状态也不会持续很久。为了让那些辛勤工作撑起日本社会的老人在家中走完人生最后一程,付出这点成本又算得了什么呢。

独居更能安享晚年

"真可怜……""多冷清啊……"独居老人常会听到这样的哀叹。如果这位老人是有子女的,旁人还要加上一句"孩子明明那么有出息"。子女则会被指指点点,说"你怎么撂下爹妈不管啊"。老人说"我想自己住",也会被亲朋好友扣上"任性"的帽子。哪怕是为了面子也得住在一起,父母和子女都承受着无形的压力。后来,独居老人的数量持续增加,如今几乎占到老年人家庭总数的四分之一。老年人独居渐成常态,而且人们也开始意识到,独居生活没有想象中的那么糟糕。岂止是"不糟糕"——调查结果显示，独居老人的生活满意度比和子女同住的老人更高。

在二十年前（就是现在七十多岁的这批人五十多岁的时候）的一次问卷调查中，许多女性表示"老了想跟儿子一起住"，搞得我都无语了。她们跟我一样，属于战后婴儿潮一代（团块世代）。二十年过去了，不知道她们现在跟谁住在一起呢？

围绕照护的观念也发生了变化。"长子给父母养老"曾是理所当然，而观念的骤变导致了代际差异。

作家田边圣子在自家院子里单独建了一栋房子给母亲住，每日悉心照料。母亲却不停地跟访客抱怨："我真是太不中用了，都没脸见人了。明明有儿子，却厚着脸皮投靠女儿，太窝囊了。"赡养她的明明是女儿，她却没有表达过一丝一毫的感激。

对那些有长子养老观念的老人而言，儿子的不管不顾无异于背叛。其实照护工作的实际承担者往往是儿媳，而非儿子本人。但时代不同了，现在要是儿媳不愿意，儿子也无法强迫，不然婚姻就要破裂。田边圣子这一代是最后一批履行儿媳职责的女性，经历了观念的转型期。之后的战后婴儿潮世代没有"尽过儿媳的职责",于是也不指望儿媳来照顾自己。再后面一代——现在四五十岁的女性既不想和父母同住,也不想跟着子女。而且她们不想跟着子女并不是怕给子女添麻烦,而是为了过自己想过的生活。随着身边独居老人的增多,她们也逐渐意识到,自己住才更轻松自在。

照护保险保障的不仅仅是父母辈

据说很多人对独居的顾虑在于"身体不好了,需要别人照顾了该怎么办"。在他们看来,等哪天没法自己进食,需要别人伺候屎尿,就只能住进养老院或医院了。

如果照护责任全都压在家人身上,子女就不得不与父母同住,或者住在离父母很近的地方。为照顾父母辞职回老家的情况比比皆是,甚至催生出"照护离职"一词。所幸照护保险的问世显著推进了照护的社会化。制度施行已有二十五年,照护第一线的情况有了不小的进步，许多以前无法实现的事情都成为可能。

值得一提的变化之一，就是独居老人可以在自己家走完人生的最后一程了。要知道无亲无故的人原本只能死在医院或养老院，如今却有了另一个选择。这是一个相当重量级的变化。

需要照护的人也可以独居，这得归功于照护保险。照护认证[①]率会随着年龄的增长相应提升，接近平均寿命时，大约八成的人会被认定为"需照护"。得到认证后，就会有照护经理[②]介入规划。照护等级较低的人也可以选择每周去两次日间照护中心，或者请护工上门服务。照护保险制度刚推行时，部分上门照护机构拒绝服务大限将至的老人，称"护工比较抵触，没法派人去"。因为"死在医院"是那个年代的常识，大多数人没有在家中给老人送终的经验。

---

① 老年人或照护人向政府下属的照护保险机构申请照护服务时，需要先获得认证。保险机构指派经过培训的官方人员上门评估，了解其身体、精神状况以及诊疗情况，综合评估后确定照护等级或拒绝申请。
② 居家养老服务的"职业管家"，负责倾听需要照料的长者及其家属的诉求，并制订适合每个人的护理计划。

但在实践的过程中，大家发现居家离世比想象中的平静得多。老年人的死亡进程是相对平缓的，经验丰富的照护人员能大致判断大限将在何时来临。时候差不多了，就在旁边守着。

上门时发现老人已经去世了也不慌。只需联系主治医生，就能开出死亡证明，不必拨打110或119[①]。死亡的瞬间无须有旁人在场。伴随着经验的积累，照护第一线的工作人员成长起来，如今已经可以放心大胆地让他们把控全局了。

即便独自去世，也不必惧怕"孤独死"。孤独死的定义是（1）临终时无人陪伴，（2）没有涉及犯罪行为的疑点，（3）死亡超过一定时间才被发现。媒体报道的孤独死事例往往比较凄惨，死后数周或数月才被发现，尸体早已腐烂得不成样子。但是有护工定期上门，或者老人定期去日间照护中心的话，在三天内被发现就不成问题。上门志愿护士协会CANNUS的主理人菅原由美也在大力呼吁，不要再将无人陪伴的

---

① 在日本，119既能呼叫消防车，也能呼叫救护车。

死亡称为"孤独死"了。于是我创造了一个清清爽爽、干干净净、字典里找不到的中性词——在家独自临终（在宅ひとり死），欢迎大家积极使用，广泛传播。

外部照护服务的普及不仅帮助了独居老人，也让与家人同住的老人受益。

照护保险制度框架下的"上门护理师资格"把照护变成了"持有资质的专业人士的工作"，从而保障了照护质量。

许多人误以为外人肯定没家人照顾得好，殊不知家人是照护的门外汉。想当年，长期卧床的老人都会生褥疮，但有了专业照护人员的介入，生褥疮反倒成了稀罕事。

第三方进入家庭开展监控，还能有效杜绝家人虐待老人的情况。在照护保险出台之前，这还是一个很容易被忽视的问题。即便遭受言语暴力、身体暴力或无视，老人家也难以发声。"缔造美好老龄社会女性联盟"的主理人樋口惠子将这一改变比喻为"对着家庭的暗处打探照灯"。第三方的介入照亮了家庭的阴暗面，一如潜水艇的探照灯照亮了海底的一角。谁说家人来照护就一定好呢。不少从业者坦言，要想在家中走完人生最后的旅程，独居反而是更简便易行的选择。

居家医疗的先驱小笠原文雄医生表示："在照护保险出台之前，在家中送走老人家是非常困难的，独居老人就更不用说了，连想都不敢想。"但二十多年的经验积累将不可能变成了现实。

"独居认知症老年人的临终照护"正是我当前的研究主题。照护第一线的实践案例也逐渐积累起来了。认知症确实有很大的个体差异，无法保证人人适用，但我还是希望有朝一日能够打破"认知症老人只能与家人同住或住进养老机构"的固有观念。

而且相较于入住机构，居家照护的成本更低。人们普遍认为在家独自临终是富人的专利，但小笠原医生带来了一个好消息：随着照护人员经验值的增长，我们已经能在医疗保险和照护保险（自己负担一成的费用）的报销范围内实现独居临终照护，无须额外的自费服务。政府推动居家照护的动机并不纯粹，主要是为了抑制社保费用的增长。我也在推广居家临终，为的则是广大老年人的安宁喜乐。目标一致，但动机差了十万八千里。

害怕独自死去？让父母孤独终老就是不孝？

"不想孤零零地死""咽气的时候，最好能有人握着我的手"……可能有很多人抱有这样的想法。然而，在家人环绕和"奶奶，别丢下我们啊"的哭喊声中死去，不过是幻想或妄想罢了。

全家人齐聚一堂送老人最后一程的前提，其实是"住在一起"。现在的老年人大多有分居的亲属。听到病危的消息时，亲属的第一反应就是心急火燎地赶过去。因为在他们的认知里，能否见到最后一面无异于人生的转折点。不让逝者孤零零地走，不过是送别者的执念。我称之为"最后一面情结"。与其大老远匆匆赶来，扒着病床号哭"妈——我下辈子还要当您的儿子"，还不如在人活着的时候多表达感激之情，当妈的听了还更开心一点。要是逝者患有认知症，说什么都是白搭。

我可不希望亲朋好友在接到病危的消息后蜂拥而至。人的死亡率是百分之百,没人躲得过去。感觉自己时日无多了,就该提前道别道谢,死后再通知亲友足矣。

只要自己和家人做好这方面的思想准备,就没有什么可怕的了。

有子女的人把身后事都甩给了子女

步入超老龄社会后,子女能在照顾病病歪歪的父母的过程中,学到进入老年期之前需要做什么准备。

人们曾经十分抵触生前跟子女讨论葬礼和遗嘱,觉得"不吉利""提不得"。但随着社会的发展,视死亡为禁忌的观念已经大大淡化。毕竟死亡如今已是司空见惯,谁身边还没几个离世的亲友呢。要是父母不愿意谈论这些问题,不妨举几个反面事例,诸如"谁谁谁没安排好身后事,可把小辈害惨了"。如果父母还是比较抗拒,你就告诉他们:"那到时候我自己看着办了啊?"有子女的人往往倾向于把葬礼和遗产继承问题统统甩给子女处理，这样自己就不用操心了。

法律对遗产的分配做出了明确规定，如果老人家跟子女关系不错，不乱留遗嘱反而能有效规避纠纷。争家产这件事本身与遗产的多少并没有太大关系。

为什么美国连医保制度都建立不了

除了住房，老年人的生活还有三大支柱：养老保险、医疗保险和照护保险。建议大家在退休前安排好住房和养老金。如前所述，在职期间工资低，退休后的养老金也会相应偏低。

日本的医疗保险和照护保险是全球顶尖的全民保障制度。美国就没有类似的制度。美国的医保基本靠商业保险，约三千万人没有被保险覆盖。奥巴马总统任职期间曾尝试通过奥巴马医保法案实现全民医保，但随着特朗普的上台，改革以失败告终。

公立医保在美国难以推行的主要原因，在于自助原则的根深蒂固和巨大的贫富差距。我看到过一则美国保险公司的广告：身材苗条的男性翩翩而来，对着镜头说道："你的年收入超过了多少多少，健康风险较低，所以保费只需要交这么一点点。"在商业保险的体系中，健康风险低的人群支付的保费较低，反之亦然。

而在美国，健康风险较高的往往是低收入人群。高收入人群认为自己没有理由为低收入人群负担高额保费，因此难以形成共助的共识。新冠疫情期间，美国的死亡病例屡创新高，但不同人种、地区和经济层次之间的死亡率存在显著差异。这样的社会大环境难以构建医疗保险制度，推行照护保险更是难上加难。

照护保险的诞生

那就借此机会回顾一下照护保险的历史，再展望一下未来的发展趋势吧。

《照护保险法》于1997年通过，在三年的准备期后，于2000年正式实施。照护保险是社会福利新自由主义改革的一个环节。推出这项制度的动机是为了遮掩医保基金赤字问题,同时将加重医保支出压力的老年人社会性住院(无须治疗却长期占用病床资源)转移至成本更低的照护保险。

在地方自治的大旗之下,照护保险的业务主体被设定成了地方政府而非国家,这是为了避免重蹈医保的覆辙。国家给出的理由是,照护与义务教育一样,算基层地方政府提供的基本居民服务。按这套逻辑,照护工作者本该和从事义务教育工作的教师一样,享受公务员待遇。奈何当时正值泡沫破灭导致的经济萧条,税收急剧下降,地方政府都在搞行政改革,"一个公务员编制都不能多给"成了至高命令。

当时,地方政府已经逐渐将行政服务委托给私营企业,照护服务也走了外包这条路。服务使用者与私营服务供应商签约,政府负责监督。

这套方案出台时遭到了全国市町村会的强烈反对,认为国家将责任转嫁给了地方。然而,在地方自治的名义下,法律允许地方政府设置居民参与型的照护服务研讨委员会,自主决定照护保费,还可以自由扩充服务内容。换言之,国家有意推动地方政府间的竞争，容许地区间差距的存在。经过多年的实践，照护保费在全国范围内几乎横向趋同，随着广域联合①的成立，服务质量也在较低的水准上趋于一致。在二十一世纪初的市町村合并浪潮之下，能够维持特色照护服务的自治体寥寥无几。

当时人们普遍认为，地方上恐怕不会有几个人使用照护保险。因为照护一直以来都由家人承担，民众对"请人"抱有一定的抵触情绪。常有人说"这样的制度搞了也是白搞，我们这儿不会有人用的"，"谁肯让外人进自己家啊"。

地方政府也没有相关经验，于是纷纷将最精锐的公务员调入照护保险准备室，催生出一批风云人物。在制度施行的首个年度，公务员甚至为了挖掘潜在用户挨家挨户家访。

全国市町村会要求将制度调整为"如不使用照护服务，由家属照护，则向家属发放现金补贴"，因为日本参考的德国照护保险制度就有现金补贴。毕竟保

---

① 为应对超出都道府县和市町村辖区范围的大范围行政需求（如废弃物处理、振兴区域经济）而设立的特殊地方自治体。

费是强制征收，地方政府怕居民抱怨自己参保了却享受不到服务。

缔造美好老龄社会女性联盟的主理人、社会保障审议会委员樋口惠子对此提出了强烈反对。

现金补贴确实可以解释为"针对原本无偿的家属照护的报酬"，但补贴金额远低于服务的使用费。她担心如此微薄的补贴会将照护重责焊死在女性（尤其是儿媳）身上，阻碍照护的社会化。多亏了她和战友的努力，日本的照护保险才没有设置"向家属发放现金补贴"的选项。

市场规模突破十三万亿日元

在构建照护保险制度的过程中，"资金来源靠税收还是保费"也是争论的一大焦点。照理说，社会保障应该建立在税收之上，但增加税收谈何容易。最终采用的是税收和保费相结合的折中方案，照护保费从四十岁以上全体国民的工资或养老金中强制扣除，与医疗保费一同缴纳。

照护保险宣扬以使用者为本,"从措置到契约"、"从恩惠到权利"[①]的理念。虽说最后采用了"税收+保费"的折中方案,但我认为引入保险制度是一个正确的选择,因为这样有助于培养使用者的权利意识。每次做这方面的演讲,我都会说这么一段话——没有一个参加了医保的人会在生病的时候选择不用。同理,缴纳照护保费也是为了在需要照护服务的时候能够堂堂正正地使用。如果当年选择百分百靠税收,可能会造成耻感,让人们不敢使用相关服务。

谁知在照护保险制度即将启动的紧要关头,当时的自民党政务调查会长龟井静香发表了"照护保险有损子女赡养父母的日本传统美德"的重磅言论。那段时间恰好有大批老年人强烈反对从养老金中强制扣除照护保费。到头来只能延期半年向老年人征收照护保费,达成政治妥协。

尽管遭遇种种阻力,照护保险制度启动时还是创

---

① 从措置到契约,指不以行政安排、使用者无法选择的形式(措置)提供保险服务,而是使用者可自行选择服务提供方并签订关系对等的合同(契约)。从恩惠到权利,则指民众对某项服务的理解从"国家提供的恩惠"转变为"自身的权利"。

造了四万亿日元规模的市场。虽然是政府通过法定价格管理的准市场,但对低迷的日本经济来说,规模也算相当可观。

大量营利和非营利的私营照护服务商进入市场,照护就此成为可以养家糊口的劳动。市场的形成培育了大批专业人才,扩充了能够提供给保险使用者的服务种类。放眼全世界,这也是一项可圈可点的成就。

好比日本独有的小规模多功能共生型日间照护中心,此类机构由本地居民创办,充分利用了闲置民宅,以"对所有人敞开大门"为理念,可满足各类迫切的需求。老年人、各年龄段的残障人士和普通儿童都能享受,这种共生型服务打破了老年人归老年人、残障人士归残障人士的社会福利壁垒。后来,政府追认了此类服务的合法性,并将其纳入照护保险的范畴,嵌入本地生活服务体系。全国各地都有创立新机制的先驱。

照护服务是一个不断扩大的市场。今天的市场规模已突破十三万亿,是制度起步时的三倍还多。根据人口学专家推测,老年人口将会持续增加,因此照护服务的市场规模也将随之扩大，是不折不扣的朝阳产业。

保障照护质量的机制

日本照护保险在制度设计层面也是独具一格。虽然借鉴了德国和英国的先例，但实际内容与两者有很大的不同。如前所述，日本没有采用德国的家属补贴。照护经理制度源自英国，但日本并没有将照护经理归入地方政府的管辖。照护经理一旦成为地方政府（保险运营方）的雇员，就很容易优先考虑地方政府的利益，出现限制民众使用服务的倾向，而日本的照护经理保持了对地方政府的独立性。但法律允许照护经理受雇于服务供应商，势必会导致他们将服务使用者引向自己所属的机构。没有为照护经理提供保持独立性的充分条件，是制度设计层面的一大失误。

服务的使用上限[①]视照护等级而定。若为程度最

---

① 超过上限的部分需要全额自费。

重的5级①，上限约为36万日元。与其他国家相比，这是个相对较高的数额。而且自付比例仅为一成，对服务使用者非常有利。

值得称道的是，日本的照护保险制度使护工成为持证上岗的专业工种，而且不许照护工作者与被照护者签订个人合同，必须是服务供应商和被照护者之间签约。法国的照护保险制度是被照护者与照护工作者签订个人合同，然后国家根据支付的金额发放补助。在这种制度下，被照护者是付工资给照护工作者的雇主。从事照护工作的大多是没有资质的移民，他们与被照护者之间很有可能发生剥削和虐待。如果签约照护工作者因疾病等原因无法到岗，被照护者很难在第一时间找到人顶替。

日本刚开始推行照护保险制度的时候，也有老人提出"最好别换人，每次来的护工都不一样可吃不消"。护工也是形形色色的，好不容易碰到一个跟自

---

① 日本的照护保险支付等级共有7级，从"援助1~2级"到"照护1~5级"。其中，"照护5级"指日常生活的各个方面都需要帮助，沟通困难。

己合得来的,希望下次还是那个人来也是人之常情。

可惜在日本的照护保险制度中,这是无法实现的。但是——如果原定的护工无法到岗,供应商可以立即派别人过去。因为签约的是供应商,而非护工个人,找人代班不成问题。接收客诉的也不是护工本人,而是服务供应商,这样有助于协调,进而保障照护的质量。

合同不是一对一签的,所以照护工作的第一线不至于密不透风。这一点尤为重要。因为在密闭环境中,照护双方遭到剥削和虐待的风险都会大幅上升。

日本的照护保险制度也并非完美无瑕,上面提到的"允许照护经理受雇于服务供应商"就是缺陷之一。将上门照护的报酬分为"生活援助"和"身体照护"两部分,并将前者的报酬设定得较低,则导致护工劳动条件恶化。从事上门照护的家庭护工就这么成了照护服务体系中最吃亏的工种。哪怕是新冠疫情期间,有效职位空缺率[①]都高达15倍,可见这一行有多

[①] 有效职位空缺率,是职位空缺数量除以求职者数量得到的数值。数字越大意味着岗位越多。

么不吃香。照护行业人手短缺的根本原因正是报酬设得太低。

制度越改越烂了！？

自 2005 年的首次修正以来，照护保险制度可谓是越改越烂，甚至有人将其比喻为"爹不疼娘不爱的孩子"。有制度但没法用，这种现象被称为"制度的空洞化"，而这正是政客和官僚的拿手好戏。

2001 年成立的小泉内阁高举结构改革的大旗，明确表示要改革社会保障制度。改革的核心人物是时任经济财政政策担当大臣的竹中平藏。

2002 年的经济财政咨询会议喊出了"抑制社保支出增长"的口号。在之后的 5 年里，社保支出（包括照护保险）确实少了 1.1 万亿日元（每年 2200 亿日元）。

政客和官僚打着"维持制度可持续性"的旗号，高呼"平衡负担与给付"，实则是"增加负担＋压缩给付"。财务省的真实意图是抑制社保费用的高涨。

这些年来，有关部门不时提出各种开倒车方案，试探舆论动向，进一步退两步……在面向2024年度修订的审议会上，照护保险有史以来最糟糕的修正案最终被端上台面。

修正案的第一项就是将服务使用者的自付比例从原先的一成提高到两成。早在2022年秋天，75岁以上老年人的医保自付比例就已经提高到两成。照护保险也要跟上，改为"原则上自付两成"。5级照护的服务使用上限原为36万日元，自付一成只要3.6万日元，翻个倍就是7万多，有多少老年人负担得起呢？国家还有意将照护等级为1级和2级①的人排除在照护保险制度之外。将目前免费制订照护计划改为收费项目，将照护用具从租赁改为购买……每项修正案都能招来一片骂声。

国家跟挤牙膏似的抛出这些方案混淆视听，但背后的意图已经逐渐浮出水面。首先是将照护保险的使

---

① 1级指日常生活、起身和行走需要帮助，认知能力略有下降。2级指在日常生活方面需要比1级更多的护理，并出现认知功能衰退。

用者限定为 3 级[①]以上的重度需照护者，排除程度较轻的 1 级和 2 级。2015 年修正案就已经收紧了特别养护老人院的入住条件（照护等级须达到 3 级以上）。排队等待入住的人数确实因为这一举措骤减，可我们不得不说，这是粉饰太平的权宜之计。其实国家早在 2005 年修正案中就已经采取行动，将原先的 1 级照护调整为 1 级/2 级援助[②]，踢出了照护保险。由此看出，政府有意将生活援助和日托服务排除在照护保险之外，只留身体照护。说白了，就是将生活援助和日托服务转嫁给由无资质的本地有偿志愿者撑起的低成本"本地援助"服务，把责任统统甩给地方政府。隐藏在这一做法背后的观念是，"生活援助是谁都能干的非技术劳动"，还得加上一句"是个女的就行"。上门照护的报酬被设定得比较低，也能体现出政策设计

---

① 3 级指日常生活完全需要他人协助，起身与行走需要使用拐杖、助行器或轮椅；认知功能下降，需要他人照顾。4 级指日常生活的各个方面需要高于 3 级的照护，思维和理解能力也明显下降。
② 1 级援助指能够独立完成基本的日常生活动作，但某些动作需要照看和帮助。2 级援助指肌肉无力，行走和站立不稳，未来极有可能需要照护。

者的照护劳动观念——不过是把女人在家干的无偿劳动外包出去罢了，给这点报酬足矣。三名上门护工对政府提起诉讼，主张制度设计层面的缺陷导致上门护工工作时间很长，却连本地最低工资都赚不到。这就是著名的上门护工国家赔偿诉讼案。

"认知症患者及家属会"打响了反对开倒车的第一枪。现行的照护等级认证体系以日常生活活动能力中的自理能力为标准，因此认知症患者的评级往往相对轻度[①]。然而，对患有认知症的老年人而言，1级/2级照护绝非"轻度"。只要靠1级/2级的上门照护和日托服务熬过这个阶段，认知症老人就有可能继续在家中生活。要是无法享受这些服务，他们的生活将无以为继。

要是连制订照护计划都要收费，哪怕获得了照护认证，实际使用服务的门槛也会变高。

政府试图靠各种各样的修正案抑制民众使用照护

[①] 认知症患者主要的障碍在于认知功能的损伤，这种损伤与生活自理能力不完全对应。部分患者可能在某一时刻表现出高度的自理能力，但在另一些时候则可能需要更多的援助。

保险的服务。有保险却无服务——这和保险商违约有什么区别?

长此以往,"晚景好不好全看钱"

抑制民众使用照护保险可能造成两种后果。第一是重归家属化,就是将照护的责任重新推回家属身上。第二则是市场化,让民众自行购买制度中缺失的服务。

推行照护保险的初衷是实现照护的社会化,为家属减负。重归家属化势必会加重家属的照护负担,引发更多的照护离职和虐待。而且在照护保险出台的二十多年里,无法依赖家属,也不愿意依赖家属的独居老人显著增加。事到如今再指望家属扛起照护重任也是不现实的。

市场化则意味着民众需要自费购买保险制度之外的服务。

政府似乎希望通过这种方式促使老年人动用小金库,拉动内需,所以大力提倡混用照护保险制度内外的服务(要知道医保是不允许混用的),言外之意:觉得不够,就请自掏腰包买吧。既没家属又没钱的人呢?等待他们的必然是"名为居家养老的置之不顾"——总结成一句话就是,晚景好不好全看钱。

我时常提醒年轻人多关注照护保险问题,说"这和你们的晚年生活质量息息相关"。奈何有些人的第一反应是:"反正我也活不到那个时候。(笑)"这是思维陷入停滞的体现。他们觉得事不关己,懒得去想象制度越改越烂会让父母和自己陷入多大的困境。许多日本国民当惯了甩手掌柜,认为政治轮不到自己操心。

年富力强的人可能很难展望自己的晚年生活。但在人生暮年来临之前,他们会先经历照护父母的过程。照护和衰老都是不请自来,由不得你拒绝。照护父母的经验可以帮助他们预见晚年,做好思想准备。别以为晚年遥遥无期,掉以轻心,必须从现在开始守护制度,否则等你回过神来的时候,一切都迟了。

在今人看来,照护保险的存在也许是理所当然,但制度的成立经历了漫长的准备期。除了政客和官僚，还有广大民众为此付出心血。我们享受的正是前人努力的成果。希望年轻一代能够守住照护保险。这不仅是在保护被照护的老年人，也是在保护承担照护责任的你们的生活。

自助、共助、公助

2020年，时任首相菅义伟在国会的施政方针演说中提到："我所追求的社会理想状态是'自助、共助、公助'和'纽带'。"自民党的"自助为先"理念在这句话里体现得淋漓尽致。他还说道："先试着做自己力所能及的事，然后在家庭和社区中互相帮助，最后由政府兜底。"翻译成大白话就是"尽可能自己解决，别指望政府"。所以老年人都在拼命攒钱，用作自卫和自助的手段。

如今回想起来，能在九十年代建立起照护保险制度简直是个奇迹。在自民党政权下搞出这么个东西实属不易。

市民运动在推动制度成立的过程中发挥了关键作

用。其核心力量是樋口惠子和前检察官堀田力领导的"推进照护社会化万人市民委员会"。全日本自治团体劳动工会的池田省三出任秘书长。委员会的核心成员是四五十岁的照护主力,前面提到的缔造美好老龄社会女性联盟的成员则以儿媳为主。

照护保险的理念是以使用者为本,但是从本质上看,它并非真正建立在老年人的要求之上,其意图和效果都是减轻照护主力的负担。在照护保险诞生之前,贫困阶层之外的中产家庭几乎享受不到照护方面的任何公共援助。在社会保障的新自由主义改革浪潮下,实质上无异于加税的全民强制的照护保险制度应运而生。今时今日,广大老年人及其家属享受到了这一制度的恩惠,我们已经无法过回没有照护保险的日子。

格差社会走向何方

保险制度是共助——即分摊风险的互助制度,建立在国民的社会连带之上。正值社会转型期的九十年代也许是达成国民共识的最后一次机会。

因为自九十年代起,日本社会的差距不断扩大。七十年代的日本还是经济合作与发展组织成员国中收入差距第二小的国家,仅次于瑞典。谁知到了二十一世纪第一个十年,日本竟成了收入差距第二大的国家,仅次于美国。持续三十多年的新自由主义改革为贫富差距的扩大开了绿灯。

遥想七十年代,超过八成的日本国民认为自己属于"中产阶级"。但这种"一亿国民皆中产"的社会已经一去不复返。曾经的中产阶级为了不掉队而拼命自保,同时要求子女在竞争中脱颖而出。无论最后的结果是成功还是失败,都会被归因于"自我决定和自我负责"。

在这样的大环境下,家庭的凝聚力会直线上升。换言之,对家人的依赖会显著增强。因为大家别无依靠。保守派对家庭价值的关注也是出于这个原因。对"夫妻不同姓"的强烈反对,将本该保障儿童权益的"儿童厅"改成"儿童家庭厅",都是其观念的写照。这种保守价值观并非是传统的保守,而是伴随新自由主义改革而来的新式保守，算是针对社会变化的反动。

奈何家庭这个唯一的依靠变得愈发脆弱易碎。无法组建家庭的人越来越多，无法依赖或不愿依赖家人的人也是与日俱增。重拾过去的家庭模式也行不通。我们绝不能忘记，保守派想要恢复的传统家庭模式建立在妻子和儿媳的牺牲之上。

一些保守派分子指责女性主义暴露了家庭中的暴力和虐待，进而破坏了家庭。可家庭的破裂并不是女性主义造成的。女性主义不过是揭示了早已分崩离析的家庭的阴暗面。

在超老龄社会中，再厉害的强者终将变为弱者。身体不听使唤，认知功能退化……是年龄增长的必然结果。如果我们生活在一个上了年纪也能够安心享受照护的社会，衰老就没什么好怕的。这就是养老保险、医疗保险和照护保险存在的意义。希望读到这本书的你也能贡献一分力量，守护这些不可或缺的制度。

尾声
女性主义的未来

把自己放在第一位的年轻女性将改变社会

"上野女士,什么时候才能彻底消灭性别歧视呢?"每当有人这么问我,我都会如此回答:"持续了六千多年的现象不会轻易消失,在我们有生之年是不可能看到这一天了。"

不过,前方已经出现几缕希望之光。

今天的年轻女性会把自己放在第一位。所谓的"女性气质"一直都要求女性将自己排在后头。只有一心相夫教子,舍己为家,才是个合格的女人。正如波伏瓦的名著标题所示,女性是"第二性"。

年轻女性却生出了质疑:"我怎么就不能优先自

己了?""凭什么让我忍受这种荒谬的歧视?"

不再忍气吞声的女儿们登上了历史舞台。

她们再度发掘女性主义,掀起了重启女性主义的风潮。这不仅是因为女性主义的思想打动了她们,生育率下降的影响也不容忽视。孩子少了,父母就不再厚此薄彼。女儿跟儿子一样受到悉心呵护,成了教育投资的对象。这确实加重了女儿的负担,但也培养出了一批对歧视感到不公的年轻女性。

少子化浪潮下的女儿们也出现在了中韩两国。她们被父母寄予厚望,获得了接受高等教育的机会,觉得自己不比男生差,甚至更胜一筹。在东亚各国支持女性主义重启的,正是这些年轻女性。

日本少子化催生出了大量把自己放在第一位的女儿,而养育她们的是上一辈的家长。在潜移默化中影响她们的,正是母亲们的怨念和愤怒。

日渐崛起的新生代女性主义者

日本不比美国,没有 NOW(美国全国妇女组织)

那样的全国性大型组织，也没有代表女性集体利益的政治团体，所幸全国各地有无数草根女性团体。每当出现与性别相关的议题，这些团体就会汇成巨浪，掀起运动。互联网和社交媒体为这些团体的横向链接创造了条件。我觉得这就足够了。

这种浪潮有时还会跨越国界，#MeToo 就是一个典型。有人说 #MeToo 没有传到日本，莫非他们的眼睛是摆设？支持伊藤诗织①的运动开展得如火如荼，性骚扰的财务省事务次官福田也遭到口诛笔伐，堂堂政府高官不得不辞职走人。为抗议性虐待案件的不公正判决，全国各地还掀起了鲜花抗议②，将"不同意性交等罪"纳入刑法修正案就是这一运动的成果。揭发性暴力的浪潮也传至演艺界和电影界，知名导演爆出丑闻。"表达现场调查团"涵盖艺术、影视、话剧、文学等领域的性别歧视数据化项目也是 #MeToo 的成果。

---

① 伊藤诗织，生于 1989 年，现为独立记者、纪录片制作人。因实名指控性暴力，成为日本 #MeToo 运动代表人物。
② 2019 年 3 月，日本接连有四宗性侵案被法庭宣判无罪，引发舆论哗然，催生了手持花朵集会抗议的运动，并迅速扩散到全国各地。

为大家介绍几位我比较关注的年轻领军人物吧。

NO YOUTH NO JAPAN 的主理人能条桃子致力于将年轻人和女性推向政治舞台。

福田和子不理解为什么日本缺乏避孕手段,发起了"#为啥没有运动",还是"紧急避孕药进药店"项目的主导人之一。

山本和奈对《周刊 SPA!》发布的"好睡的女大学生排行榜"提出抗议,发起签名运动,还创办了 Voice Up Japan。

时任奥委会会长森喜朗发表性别歧视言论时,她们三个也发起了签名抗议活动,在短短一周内收集了 15.7 万个签名。

前 SEALDs 成员福田和香子起诉了在社交媒体上诽谤自己的人,最终得胜而归。这几位可都是二十多岁的年轻人。

三十岁以上的,有掀起 #KuToo 运动[①] 的石川优

[①] 日本职场女性抗议工作场合强制要求女性穿高跟鞋的运动。日语中,Kutoo 与"鞋"(kutsu) 和"痛苦"(kutsuu) 谐音。

实、Colabo①的主理人仁藤梦乃、散文家Artesia和笛美、积极报道性暴力问题的撰稿人小川玉香。

还有作家松田青子、小林绘里香、原田有彩和Hirarisa，她们都是才华横溢的年轻女性。

打造"弱者也能作为弱者获得尊重"的社会

2019年东大入学典礼贺词中，关于女性主义定义的部分收获了巨大反响——"女性主义的内核绝不是女人也要像男人一样行事，弱者也要争当强者。它是追求弱者也能作为弱者获得尊重的思想。"许多人（尤其是男性）惊呼"我还是头一回听到这样的女性主义定义"。这是因为许多男性是按自己的标准理解女性主义的，他们心里想的是："男女平权？你们想跟我们一样？那就别当什么女人，放马过来！"

所以常有人把在竞争中脱颖而出的女性视为"女

---

① 向在家庭和学校遇到困难的少女提供咨询服务和食宿的一般社团法人，2018年起受东京都政府出资委托，致力于帮助无家可归、离家出走的女性群体。

性主义"的代表。在公平竞争中获胜并获得相应报酬就是"男女平等"——也有持有这种想法的女性，这就是《男女雇佣机会均等法》倡导的"男女平等"理念。但是如前所述，《均等法》保障的"机会平等"其实是"逼女性穿男装"的不公平规则。还记得《均等法》刚出台时，直觉告诉我：女性主义不该是鼓励年轻女性像男性一样参加竞争、咬紧牙关过关斩将的思想，这样的女性主义不是我追求的女性主义。

然而，女性主义者中也有亲近"自我决定、自我负责"的新自由主义女性主义者。比如谢丽尔·桑德伯格的《向前一步》（日本经济新闻出版，2013/中信出版社，2014）代表的"向前一步女性主义"。桑德伯格在谷歌、脸书等名企担任过高管，是不折不扣的成功女性。她在书中主张女性要在事业上更进一步，不要犹豫，加倍努力，在竞争中出人头地。作为新自由主义女性主义的标志性人物，她受到了略显过度的批评，但她提到的为人母的烦恼是许多女性都经历过的，鼓励女性支持女同胞的态度又何尝不是女性主义呢。

我们不能排斥这样的女性，审判她们不是女性主义者。女性主义是一个百人百样、自我申报的概念，没有真伪之分，也没有异端审判和除名。我认为这是女性主义的一大优点。无论是过去还是未来，女性主义都是热火朝天的言论竞技场，这正是其活力和发展的源泉。

是谁把世界糟蹋成这样

还记得年轻时，我对自己置身的社会满怀怨言，所以时常责怪大人："是谁把世界糟蹋成这样？"毕竟我们无法选择自己出生的时代和社会，年轻人最是无辜。

然而，我的人生也已过半，甚至走完了三分之二。

此时此刻，要是有后人质问"是谁把世界糟蹋成这样"，我定会无地自容。正如之前反复强调的那样，社会的现状是人一手缔造的，一切问题说到底都是人祸。做了半个多世纪选民的成年人对日本政治负有不可推卸的责任。我们没能关停核电站，也没能杜绝性骚扰和咸猪手。如果我们这代人能坚定地说"不"……也许后来的你们就不用受那些委屈了。

倒也不是什么都没做。我们努力过，也战斗过。可惜我们的力量还不足以大幅改写社会。我们必须对年轻人说一声"对不起"。

即便如此，我还是想如此安慰自己：我们好歹尽了绵薄之力，而非全然无能为力。建立照护保险制度是我们办成的少数好事之一。家暴防止法和刑法修正案的出台也是我们斗争的成果。

社会不会突然改变。要不了多久，正在读这本书的你们也会被后来者追上。他们也会质问你们："是谁把世界糟蹋成这样？"到时候，希望你们不必再赔礼道歉："对不起啊，把这么一个世界交到你们手上。"

前辈传给我们的接力棒，是时候交到你们手里了。

图书在版编目（CIP）数据

是谁把世界糟蹋成这样 /（日）上野千鹤子著；曹逸冰译. -- 上海：文汇出版社, 2025. 9. -- ISBN 978-7-5496-4542-8

Ⅰ. C91-49

中国国家版本馆CIP数据核字第20253Z2Z21号

是谁把世界糟蹋成这样

作　　者 /	[日]上野千鹤子
译　　者 /	曹逸冰
出版统筹 /	杨静武
责任编辑 /	何　璟
特邀编辑 /	欧阳钰芳
营销编辑 /	张小莲　王晨鑫
装帧设计 /	汐　和 at compus studio
内文制作 /	王春雪　陈慕阳
出　　版 /	文匯出版社
	上海市威海路755号
	（邮政编码200041）
发　　行 /	新经典发行有限公司
电　　话 /	010-68423599　邮　箱 / editor@readinglife.com
印刷装订 /	河北鹏润印刷有限公司
版　　次 /	2025年9月第1版
印　　次 /	2025年9月第1次印刷
开　　本 /	850×1092　1/32
字　　数 /	100千
印　　张 /	6.5

ISBN 978-7-5496-4542-8
定　　价 / 49.00元

敬启读者，如发现本书有印装质量问题，请与发行方联系。

«KONNA YONONAKA NI DARE GA SHITA?»
©CHIZUKO UENO 2024
All rights reserved.
Original Japanese edition published by Kobunsha Co., Ltd
Simplified Chinese translation copyright © 2025 by
Thinkingdom Media Group Ltd.
Publishing rights for Simplified Chinese character arranged
with Kobunsha Co., Ltd. through KODANSHA BEIJING
CULTURE LTD. Beijing.

版权登记图字 09-2025-0456